Deutsche Haiku-Gesellschaft e. V.

Die Deutsche Haiku-Gesellschaft e.V.[1] unterstützt die Förderung und Verbreitung deutschsprachiger Lyrik in traditionellen japanischen Gattungen (Haiku, Tanka, Haibun, Haiga und Kettendichtungen) sowie die Vermittlung japanischer Kultur. Sie organisiert den Kontakt der deutschsprachigen Haiku-Dichter untereinander und pflegt Beziehungen zu entsprechenden Gesellschaften in anderen Ländern. Der Vorstand unterstützt mehrere Arbeits- und Freundeskreise in Deutschland sowie Österreich, die wiederum Mitglieder verschiedener Regionen betreuen und weiterbilden.

[1] Mitglied der Federation of International Poetry Associations (assoziiertes Mitglied der UNESCO), der Haiku International Association, Tokio, Ehrenmitglied der Haiku Society of America, New York.

Anschrift	Deutsche Haiku-Gesellschaft e. V., z. Hd. Stefan Wolfschütz, Jungmannstr. 11, 24768 Rendsburg
Vorstand	
Info/DHG-Kontakt und Redaktion	Horst-Oliver Buchholz, horst-oliver.buchholz@dhg-vorstand.de
Redaktion	Eleonore Nickolay, eleonore.nickolay@dhg-vorstand.de
Kassenwartin	Petra Klingl, petra.klingl@dhg-vorstand.de
Website	Stefan Wolfschütz, stefan.wolfschuetz@dhg-vorstand.de
	Claudia Brefeld, post@claudiabrefeld.de
Internationale Kontakte	Klaus-Dieter Wirth, kd.wirth@dhg-vorstand.de
	Tony Böhle, tony.boehle@dhg-vorstand.de
	Peter Rudolf, peter.rudolf@dhg-vorstand.de
	Frank Sauer, frank.sauer@dhg-vorstand.de
Bankverbindung:	Landessparkasse zu Oldenburg, BLZ 280 501 00, Kto.-Nr. 070 450 085 (BIC: SLZODE22XXX, IBAN: DE97 2805 0100 0070 4500 85)

Bibliografische Information der Deutschen Nationalbibliothek:
Die Deutsche Nationalbibliothek verzeichnet diese Publikation
in der Deutschen Nationalbibliografie;
detaillierte bibliografische Daten sind im Internet über dnb.dnb.de abrufbar.

©2023 Deutsche Haiku-Gesellschaft
Herstellung und Verlag:
BoD – Books on Demand, Norderstedt
ISBN 978-3-738613-05-6

Editorial

Liebe Leserinnen, liebe Leser,

wir starten mit dieser Ausgabe in das neue Jahr, die Tage werden nun länger, und wir sehen vielleicht mit dem Erwachen der Natur wieder positiver gestimmt in die Zukunft, ganz im Sinne von Gettō:

> Erster Frühlingstag -
> Als ich heut auf Erde trat,
> jubelte mein Herz!

Wir präsentieren Ihnen in dieser Ausgabe wieder eine Reihe Ihrer zahlreichen Einsendungen; neben der HTA und KreAktiv laden natürlich auch Haiga, Haibun, Tan-Renga und Renhai zum Schmökern ein.
Unterstützen Sie uns dieses Jahr aber auch einmal aktiv als Gast in unserer Jury! Wir freuen uns immer über tatkräftige Unterstützung bei unserer Auswahl, hilft es uns doch, die ganze Breite unserer Mitglieder und deren Haiku-Verständnis bei der Auswahl der abgedruckten Texte abzubilden. Gerade auch mit Blick auf unsere zahlreichen neuen Mitglieder unser Appell: Seien Sie ruhig mutig, im Zweifel unterstützen Sie uns auch „nur" in einzelnen Textgattungen!
Generell lebt unser SOMMERGRAS von Ihren Zusendungen, sei es in der HTA, mit unserem neuen Aufruf in KreAktiv oder den anderen Rubriken. Lassen Sie Ihrer Kreativität freien Lauf, wagen Sie vielleicht auch einmal neue Blickwinkel, angelehnt an Yayū:

> Eine neue Magd –
> Heute hängt der Besen ganz
> anderswo als sonst!

In diesem Sinne, lassen Sie uns 2023 gemeinsam gestalten,

Ihr Thomas Opfermann

Inhalt

Editorial	3
DHG-Wettbewerb	6
KreAktiv	7
Aufruf	9
Haiku-Kaleidoskop	
Klaus-Dieter Wirth: Das Haiku als Einzeiler – Teil 2	10
Eleonore Nickolay: Französische Ecke	21
Nachruf	23
Neue DHG-Mitglieder	28
Kompakt	30
Auswahlen	33
Haiku-Auswahl	34
Tanka-Auswahl	38
Sonderbeitrag von René Possél	42
Haiga: Claudia Brefeld und Bernadette Duncan	44
Mitgliederseite	45
Haibun	48
Haiga: Claudia Brefeld und Christof Blumentrath	60
Tan-Renga	61
Kettengedichte	62

Bücher

Traude Veran: Quantenschäume von Joachim Gunter Hammer 64

Sonja Raab: Fließende Himmel von Horst-Oliver Buchholz 67

Haiga: Gabriele Hartmann 68

Brigitte ten Brink: Abgegriffen von Gabriele Hartmann 69

Stefan Wolfschütz: Li und Herr Mo – Ein Haiku-Roman
von Peter Gooß 72

Tan-Renga-Haiga: Gabriele Hartmann und Christof Blumentrath 74

Berichte

Tobias Tiefensee: Bericht vom Haiku-Spaziergang in Tübingen am
19.11.22 75

Sylvia Hartmann: Aus der Praxis – ein Haiku-Workshop im
Krankenhaus 79

Mitteilungen 81

Impressum 84

DHG-Haiku-Wettbewerb 2023 für die Haiku-Agenda 2024

Auch für das Jahr 2024 plant der DHG-Vorstand eine Haiku-Agenda. Mitglieder, ebenso wie Nichtmitglieder sind herzlich eingeladen, sich an unserem Wettbewerb zu beteiligen. Bei Erreichung der nötigen Punktzahl wird Ihr Haiku exklusiv auf einem der Wochenblätter der Agenda platziert. Für unsere Mitglieder, die kein Haiku auf einem der Wochenblätter haben, werden wiederum ein paar Seiten der Agenda für die Veröffentlichung eines ihrer Haiku reserviert.

Die Teilnahmebedingungen sehen vor:
– Bis zu **vier** Haiku pro Teilnehmer, wobei **jedes Haiku eine andere der vier Jahreszeiten thematisiert.** Dazu eignen sich beispielsweise die bekannten Bezüge zu Klima und Natur, zu Fest- und Feiertagen.
– Die Haiku müssen unveröffentlicht sein.

Einsendeschluss:
31. Mai 2023 – Stichwort „Haiku-Agenda 2024"

Per E-Mail bitte an:
eleonore.nickolay@dhg-vorstand.de

Per Post bitte an:
Petra Klingl
Wansdorfer Steig 17
13587 Berlin

KreAktiv

Im vorausgegangenen Heft hatten wir eine Spur für Sie ausgelegt. Durch Neuschnee führte sie und kam in Form eines Oberstollens daher.

im Neuschnee
zwei Spuren parallel
dann auseinander

Wir hatten Sie eingeladen, die Spur aufzunehmen und weiter zu verfolgen: Schreiben Sie einen Unterstollen, so unser Aufruf, sodass ein Tan-Renga entsteht. 33 Kreativschreibende machten sich auf den Weg und schickten uns ihre Unterstollen. Vielen Dank dafür!

Gerne haben wir uns der Sache angenommen, gelesen, gewertet und gewichtet und stellen Ihnen folgende Auswahl vor. Alle eingereichten Werke werden vollständig auf der Website der Deutschen Haiku-Gesellschaft unter www.haiku.de/sommergras-140 veröffentlicht.

im Neuschnee
zwei Spuren parallel
dann auseinander

das Laken neben ihr
faltenlos
    Christof Blumentrath

im Neuschnee
zwei Spuren parallel
dann auseinander

spontan folge ich
dem Zwinkern des Abendsterns
    Gabriele Hartmann

im Neuschnee
zwei Spuren parallel
dann auseinander

am Gartenzaun verhallen
ihre tröstenden Worte
    Birgit Heid

im Neuschnee
zwei Spuren parallel
dann auseinander

heute ein guter Tag
Vater nennt meinen Namen
    Anke Holtz

im Neuschnee
zwei Spuren parallel
dann auseinander

auf schwarzer Piste
in die Einsamkeit
    Susanne Reichard

im Neuschnee
zwei Spuren parallel
dann auseinander

halb zugedeckt schon,
bald ganz.
    Thomas Steiner

im Neuschnee
zwei Spuren parallel
dann auseinander

du fasst meine Hand
fester
    Marie-Luise Schulze Frenking

Aufruf: ein Haiku zu einem Foto

Kreieren Sie mit uns gemeinsam ein Haiga! Das Foto, entstanden am Wattenmeer auf Sylt, geben wir vor. Wir sehen darin Ruhe und Weite, aber auch Bewegung und Aufbruch – ein reizvoller Gegensatz, nicht wahr? Lassen Sie sich davon inspirieren und dichten Sie ein Haiku. Es sollte, gemäß der Tradition gelungener Haiga, keine reine Bildbeschreibung sein, sondern vielmehr Geist und Stimmung aufnehmen und weiterführen – vielleicht auch in eine andere Richtung.

Wir sind gespannt und freuen uns auf Ihre Einsendungen! Schicken Sie bitte <u>ein</u> Haiku an:

redaktion@sommergras.de

Stichwort: Haiku KreAktiv
Einsendeschluss: 15. April 2023

Haiku-Kaleidoskop

Klaus-Dieter Wirth

Das Haiku als Einzeiler – Teil 2

Der bereits im ersten Teil ausführlich zitierte amerikanische Haiku-Autor Jim Kacian bemerkte einmal zu diesem Thema, dass ein Monoku sich durch mehr Klarheit auszeichnet: „Es sagt, was es ist!" Eine Aussage, die zunächst für jedes Haiku gelten sollte, doch als Gegensatz zum üblichen, nämlich dem in seiner dreizeiligen Form gesehenen, wohl eher zweifelhaft erscheint, da gerade Einzeiler eher eine erhöhte Tendenz zeigen, besonders komprimiert daherzukommen.

Wenden wir uns zur näheren Begutachtung einem quasi mustergültigen Monoku zu, das auch David Cobb (1926–2020), einer der verdienstvollsten Haiku-Autoren des Vereinigten Königreichs, für ein solches hielt, verfasst von der Kanadierin Ruby Spriggs:

my head in the clouds in the lake   mein Kopf in den Wolken im See

Cobb kommentierte allerdings in eher allgemeiner Analyse: „Man nutzt hier nicht so sehr eine imagistische, also bildhafte Verschmelzung als eine andere Art von Zweideutigkeit. Vielmehr eine semantische, also bedeutungsmäßige Verwirrung? Eine semantische Abweichung? Der Leser wird gezwungen zu entscheiden, wo sich die Zeilenumbrüche befinden. So wird die Zweideutigkeit erst im weiteren Verlauf aufgedeckt – Zweideutigkeit, die fruchtbar und zufriedenstellend ist, weil sie das Haiku erweitert durch verschiedene Bedeutungen, die irgendwie interagieren und miteinander verschmelzen."[1]

---

[1] Cobb, David in: „*Blithe Spirit*" *(Journal of the British Haiku Society): One-Liners*, 19:1, March 2009, p. 29 f.

Doch trägt dieser theoretisierende Überbau wirklich etwas zur Erhellung der Sachlage im Einzelnen bei? So oder so bleibt es letztlich bei ein und derselben Bildvorstellung, gegliedert in drei Teile, wobei von weiteren zu entdeckenden Zweideutigkeiten wohl kaum die Rede sein kann. Als einzigen kleinen Unterschied ist zu konstatieren: Die einzeilige Form rückt etwas mehr den Ganzheitscharakter des Textes in den Vordergrund, die dreiteilige indes umso mehr den Überraschungsaspekt im Ablauf der Lektüre. Aber rechtfertigt selbst diese nur immanente Gewichtung eine grundsätzlich andere Formgebung des Genres?

Wie wird das Thema „Haiku als Einzeiler" ansonsten gesehen? So sehr es – wie bereits angesprochen – gerade in der anglophonen Welt bis hin zu den aufgezeigten Klassifizierungsversuchen eine Rolle spielt, so wenig findet es außerhalb dieses Bereichs eine sichtbare Beachtung. Entsprechend gibt es auch kaum Stimmen dazu, geschweige denn, dass sich hier in anderen Ländern eine Diskussion oder gar Kodifizierung ergeben hätte.

Aufschlussreich ist etwa ein Gedankenaustausch, der sich 2005 im Rahmen der deutschsprachigen Abteilung im Internet-Forum des seinerzeit noch stark florierenden „World Haiku Club"[2] entspann, bei dem der österreichische Haiku-Autor Dietmar Tauchner in Anlehnung an die amerikanischen Vorbilder eine Lanze für das Haiku als Einzeiler zu brechen versuchte. Er führte dazu unter anderem folgende Beispiele der ebenfalls bereits erwähnten Marlene Mountain ins Feld, die sich auch später insbesondere mit dem Monoku identifizierte:

across the field i'm the sun's shadow

übers feld ich bin der schatten der sonne

the girl's glance wraps me in solitude

der blick des mädchens hüllt mich in einsamkeit

---

[2] 1998 von Susumu Takiguchi in Oxford gegründet.

missing love a crow's caw from the crest

vermisste liebe krähenrufe vom berghang her

the winter wind fills the empty garden

der winterwind füllt den leeren garten[3]

Udo Wenzel[4] kommentierte dazu: „Viele Einzeiler lesen sich wie ein Kurzaufsatz ohne Punkt und Komma, andere sind schwerer zu erfassen, wenn nicht mal ein Kireji, ein Bindestrich oder so was zwischen den einzelnen Gedanken steht." Hinter dem letzten Beispiel notierte er bezeichnenderweise noch „So what?" (Na und?) Und an anderer Stelle: „Man könnte genauso gut einen Mehrzeiler aus fast jedem der Einzeiler machen."

Gabi Greve[5] äußerte sich neutraler: „Viele sind schön vom Gedanken her, malen ein reiches Bild. Ich finde Kurzlyrik dieser Art ansprechend; für mich sind das aber keine Haiku!"

Volker Friebel[6] trug im Verlauf der Diskussion eine weitere Beobachtung bei: „Meistens scheint mir ein gelungenes Haiku eine zweigeteilte Zeile zu sein (beispielsweise: „krähenrufe / vom bergkamm her"), zu der dann, um eine Tiefe zu schaffen, noch etwas anderes gesetzt wird („vermisste liebe"). Zur Veranschaulichung zog er noch einen weiteren Einzeiler von Dietmar Tauchner hinzu:

---

[3] Übersetzungen von Dietmar Tauchner selbst.
[4] Autor deutsch- und englischsprachiger Haiku und Essays zur Haiku-Theorie und -Geschichte in verschiedenen Publikationen. Von 2005 bis 2007 Redakteur bei dem Online-Portal „Haiku heute". Buchveröffentlichungen: *Taubenschlag – Kurzlyrik und Kurzprosa*, Schweinfurt (Wiesenburg Verlag) 2010 und als Herausgeber mit Rainer Stolze *Haiku hier und heute*, München (dtv) 2012, ISBN: 978-3-423-14102-4.
[5] Gabi Greve, 1948 in Deutschland geboren, lebt seit 1977 in Japan und ist die Gründerin und Verwalterin der *World Kigo Database*, einer weltweiten Jahreszeitenwörter-Sammlung.
[6] Volker Friebel leitet seit 2003 das Internetforum https://www.haiku-heute.de/ und gibt dazu jeweils ein Haiku-Jahrbuch heraus, viele weitere Veröffentlichungen, u. a. das Einführungsbuch: *Das Haiku: Grundwissen – Vertiefungen – der Horizont*, Tübingen (Blaue Feder), 2019.

Ein Spatz landet in einer Parklücke.

„Auch das ist eigentlich ein zweigeteilter Satz: „Ein Spatz landet / in einer Parklücke.", dem aber, finde ich, eben die besagte Vertiefung durch eine dritte Zeile noch fehlt … Das sind nicht haiku-nahe Texte, sondern Haiku, die durch das Weglassen der Zeilenumbrüche verfremdet wurden."

Dietmar Tauchners bezeichnende Antwort: „Haiku sind es, zumindest im engeren Sinn, wohl nicht, aber doch damit verwandt, also verwandte Kurzlyrik. Dass viele schön sind und ein reiches Bild malen, ist für mich wesentlicher als die Einhaltung formaler Bedingungen."

Als ähnlich notwendig wurde beim folgenden Beispiel eine dritte Zeile vermisst:

der Totenglocke lauschen   *listening to the death bell*

Warum nicht sogar nur „Totenglocke", wurde argumentiert, im Aussagewert um nichts weniger anzusehen als er schon vorher war, auf jeden Fall aber zu wenig. Gabi Greves Vorschlag: „Wintermorgen/ wintry morning" im Hinblick auf einen Dreizeiler voranzustellen, brächte sogleich den entscheidenden Zugewinn an poetischer Qualität zustande.

„Wir haben eine Analogie (Winter – Tod), zugleich einen Kontrast (Morgen – Tod) einen durch Elision, also Verkürzung erreichten, offenen Bezug, in den sich jeder eingeben kann und einen geschickt eingesetzten Zeilensprung, der kurz anlüftet, um dann um so stärker das Frösteln verspüren zu lassen." (Klaus-Dieter Wirth)

Wie sehr man sich demgegenüber mittlerweile dennoch insbesondere im nordamerikanischen Raum für diese Art von Monoku mit eher fragwürdig unterschwelligen Auslegungsmöglichkeiten und einem fast manischen Streben nach Kürze begeistert hat, mögen die folgenden beiden Beispiele belegen, hervorgegangen sogar jeweils als erste Preisträger in dem renommierten „Nicholas A. Virgilio Memorial" – Wettbewerb für Haiku- und Senryu-Studierende:

mountains the horizon[7]	Berge der Horizont
Brooke Althaus	

Dazu die Kommentierung der beiden Juroren Christopher Herold und June Hymas:

„Das Gedicht lautet nicht ‚Ich sehe Berge am Horizont' oder ‚Berge sind der Horizont' oder eine andere Lesart. Es geht nicht nur darum, dass die einzelne horizontale Linie den Horizont andeutet, obwohl das der Fall ist. Indem wir mit diesem Gedicht leben, stellen wir fest, dass es sich ständig erweitert. ‚Berge' ist ein reichhaltiges Wort, das mit Schnee, Felsen, Bäumen, Stille, Stürmen, violetten Schatten und so weiter assoziiert wird. Wenn wir uns durch dieses Bedeutungsbündel bewegen, gelangen wir zum ‚Horizont', der uns immer umgibt. Es ist ein schwieriger Weg, der vor uns liegt, ganz gleich, welchen Weg wir gehen."

three stones on a fence[8]	drei Steine auf einem Zaun
Cory Steinmetz	

Dazu die Kommentierung der Juroren Michael Ketchek und Jerome Cushman:

„Lassen Sie sich von der Einfachheit dieses Haiku mit nur einer Zeile nicht täuschen. Es enthält das Geheimnis menschlicher Kreativität. Der Dichter hat eine Szene geschaffen, in der wir nur sehr wenig erfahren, aber sehr viel zum Nachdenken haben. Auf einem Zaun befinden sich drei Steine, die dort absichtlich platziert worden sein müssen. Ein oder zwei Steine könnten als sinnloses menschliches Handeln wahrgenommen werden, aber es gibt genügend Hinweise auf einen Plan. Dankenswerterweise wird uns kein Hinweis auf die Art des Plans gegeben. Diese drei Steine bleiben ein kleines geheimnisvolles Stonehenge. Und wie in Stonehenge ist die Betrachtung des Geheimnisses unendlich spannend."

---

[7] In: *Student Haiku & Senryu Anthology / The Nicholas A. Virgilio Memorial Competition*, sponsored by the Haiku Society of America, edited by Randy M. Brooks 2020, ISBN: 978-0-930172-20-6, p. 98, concerning 1994.

[8] Ebda., diesmal das Jahr 2006 betreffend, S. 62–63.

Es ist in diesem Zusammenhangs sehr aufschlussreich, was der irische Haiku-Autor Sean O'Connor[9] sogar im allgemeineren Rahmen inzwischen beobachtet hat:

> „Es wird immer schwieriger, in Haibun-Zusendungen Beiträge zu finden, die auch nur annähernd ein authentisches Haiku enthalten. In der Tat hat sich das Wort ‚Haiku' im Englischen (insbesondere im amerikanischen Englisch) zu einer Bezeichnung für ‚alle Formen kurzer, insbesondere minimalistischer Gedichte' entwickelt. Die Japaner haben ein Wort dafür: *Tanshi*[10]. Ich habe der HSA[11] vorgeschlagen, sie möge anerkennen, dass sie de facto eine Tanshi-Organisation ist, aber ich bezweifle, dass dies geschehen wird. Es beginnt jedoch, allgemeiner zu werden. Die Online-Zeitschrift ‚Bamboo Hut' bezeichnet sich selbst als Tanshi-Zeitschrift, und mindestens zwei weitere englischsprachige ‚Haiku'-Zeitschriften bezeichnen sich selbst als Zeitschriften ‚für kurze Gedichte'. Meiner Meinung nach ist das eine gute Entwicklung."[12]

Paul Miller wiederum beschränkt seine Rechtfertigung für ein einzeiliges Haiku letztlich nur noch auf *einen* charakteristischen Aspekt:

> „Einer der Reize, ja die Kraft des Einzeiler-Haiku, liegt in seiner Fähigkeit, mehrere Seiten einer Situation aufzuzeigen, ohne dass ein einziger Gesichtspunkt überwiegt … Die Möglichkeit, in einem Haiku mehrere, aber gleichwertige Zugänge oder Standpunkte zu hinterlassen, scheint ein Hauptvorteil der Einzeilerform zu sein."[13]

Bei der Überprüfung weiterer, nicht so extremer Beispiele erscheint jedoch auch dieses letzte Argument in den meisten Fällen eher als fragwürdig.

---

[9] Sean O'Connor ist ein versierter Haiku- und Haibun-Autor sowie Gründer und Herausgeber der zweimal im Jahr erscheinenden Zeitschrift *„The Haibun Journal"*. Er lebte zudem fünf Jahre in Japan, und zwar auf dem Land.
[10] Der allgemeine, japanische Terminus für ein „Kurzgedicht".
[11] HSA = Haiku Society of America (Die amerikanische Haiku-Gesellschaft).
[12] Zitat aus einer privaten E-Mail-Korrespondenz mit dem Autor vom 09.07.22.
[13] Paul Miller ist seit 2013 der Herausgeber der unabhängigen, sich sogar eher wissenschaftlich gebenden, amerikanischen Haiku-Zeitschrift *„modern Haiku – An Independent Journal of Haiku and Haiku Studies"*. Die Zitate sind seinem Artikel *„Haiku Toolbox: Dangling Participles or Happy Participles Accidents"* (Haiku-Werkzeugkasten – Partizipien in der Schwebe oder glückliche Unfälle mit Partizipien) in der Ausgabe 46:2, Sommer 2015, S. 43–44 entnommen.

Vordergründig kommen Einzeiler dem Leser nämlich sogar oft entweder sperrig, den Lesefluss behindernd vor oder vielmehr auch amüsant als eine Art Rätselvergnügen. Die Inhalte verharren dabei dennoch, wenn sie nicht allzu extravagant verschlüsselt sind, oft im Banalen (s. o.), fern von mehreren, wertsteigernden Zugängen.

Zum Glück bestätigen, wie überall, Ausnahmen die Regel! Wie beim vier-[14] oder zweizeiligen[15] Haiku gibt es natürlich auch gelungene, ja beeindruckende Einzeiler. Ganz allgemein gilt es aber auch hier zur prinzipiellen Orientierung stets die Maxime zu beachten: Welches Format, welche Schreibweise auch immer für ein Gedicht gewählt wird, es sollte zu ihm passen! Auch auf unseren Fall übertragen reicht es deshalb also keineswegs aus, ein regelkonformes, dreizeiliges Haiku einfach in eine einzige, ununterbrochene Zeile umzugestalten, um daraus einen wirkungsvollen Einzeiler entstehen zu lassen. Als Voraussetzung muss grundsätzlich immer zunächst eine besondere, inhaltliche Disposition vorliegen, die in der Folge quasi automatisch nach dieser speziellen Form verlangt.

In diesem Sinne dürften etwa die folgenden Monoku schon eher überzeugen:

same moon   *Nairobi*   derselbe Mond   Nairobi
David Caruso (US)

Die gleiche Zeilenebene pointiert die gleiche Zugehörigkeit, die gelassene Lücke die räumliche Entfernung. Beide Verfahren gehören als sichtbar gemachter Nachweis sogar zusammen, um den gewünschten Fächer von Nachdenklichkeiten zu öffnen.

---

[14] Vgl. „*Sommergras*" Nr. 137, S. 9–19, Juni 2022.
[15] Vgl. „*Sommergras*" Nr. 138, S. 19–30, September 2022.

tiny plumed flakes fly in the wake of a Fedex truck
  Mark Hollingworth (US)
winzige gefiederte Flocken fliegen im Sog eines Fedex[16]-LKWs

Hier ist schon rein physikalisch keine Unterbrechung möglich.

gunshot the length of the lake
  Jim Kacian (US)
Gewehrschuss über die gesamte Länge des Sees

Ein akustisches Signal, das, materialisiert als Projektil, zugleich durch seine rasante, visuelle Ausdehnung beeindruckt.

the sound of geese through the crosshairs   Gänselärm durchs Fadenkreuz
  Melissa Allen (US)

Ein ähnliches Grundmuster, jedoch als komplex akustisch-optisches Bild darüber hinaus noch Reflexionspotenzial enthaltend.

more automatic words about weapons
  John Stevenson (US)
mehr automatische Wörter über Waffen

Hier wird mit Hilfe der kompakten Einzeiligkeit aufgrund des verschränkten Wortbezugs in bitter ironischer Form die augenscheinlich unlösbare Frage des unheilvollen, persönlichen Waffenbesitzes in den USA veranschaulicht.

jampackedelevatoreverybuttonpushed   überfüllterAufzugjederKnopfgedrückt
  John Stevenson (US)

---

[16] Ein internationaler Zustelldienst.

Das Zusammenschreiben aller Wörter ohne Zwischenabstände verbildlicht unmittelbar das große Gedränge in dem betreffenden Aufzug. Zwar fehlt es an eigentlichem Tiefgang, dennoch bleibt die Aussage insbesondere als senryuhafte Beobachtung nicht ohne Reiz.

> *red roses in red roses in a row*
> Susan B. Auld (US)

> rote Rosen in roten Rosen in einer Reihe

Bei diesem Beispiel wird keinerlei gedankliche Tiefe angesprochen, dafür umso mehr ein visueller Eindruck in seiner ausgerichteten Dominanz betont.

> *stepping into) sunshine (the day's agenda*
> Matthew Moffett (US)

> Einsteigen in) Sonnenschein (die Tagesordnung

In diesem Fall klammert der Autor basierend auf seiner offensichtlich grundsätzlich positiven Lebenseinstellung gewissermaßen das anstehende Tagesprogramm so weit wie möglich aus, um dem belebenden Einfluss des Sonnenscheins umso mehr Raum zu gewähren.

> *at the end of Lent the taste of you*
> Jim Kacian (US)

> am Ende der Fastenzeit der Geschmack nach dir

Ein bewusstes Zusteuern auf das erwünschte Endergebnis, welches keine Unterbrechung duldet.

> *snow melts into white crocuses*
> André Surridge (NZ)

> Schnee verschmilzt in weißen Krokussen

Betonung eines übergangslosen Prozesses in ein anderes Sein!

frog in the throat: otolaryngologist
   Bob Lucky (GB / ET)

Frosch im Hals: Hals-Nasen-Ohren-Arzt

Ein *otolaryngologist*, meist als Abkürzung von *otorhinolaryngologist* gebraucht, ist der wissenschaftliche Ausdruck für einen Hals-Nasen-Ohren-Arzt, volksläufiger als *ear, nose and throat surgeon* oder kurz *ENT surgeon* (HNO-Arzt) bezeichnet. Mit dem Frosch als Einstieg bringt der Autor – für den Haiku-Kundigen ganz offensichtlich – augenzwinkernd sogleich Bashōs wohl berühmtestes Haiku ins Spiel, da *oto* zugleich ein japanisches Wort mit der Bedeutung „Geräusch" ist. Zur Erinnerung:

furu ike ya   der alte Teich
kawasu tobikomu   ein Frosch springt hinein
mizu no oto   Geräusch des Wassers

Dazu wird diese Blickrichtung durch den bildhaften Ausdruck „einen Frosch im Hals haben" – ebenso im Englischen geläufig – weiter ins Scherzhafte gezogen. *Otolaryngologist*, außerdem ein Wortungetüm, das einem geradezu in der Kehle stecken bleibt. Schließlich mag der Autor durch das Zurückgreifen auf die lineare, einzeilige Schreibweise sogar noch die Absicht gehabt haben, die Schlauchform des Schlunds nachzubilden.

Fassen wir zum Schluss die wesentlichen Punkte zusammen:

1. Das Abfassen eines Haiku als Einzeiler allein in Nachahmung dieser üblicheren japanischen Schreibweise ist in den westlichen Literaturen ohnehin nicht umfassend möglich, bringt auch ansonsten keine erhöhte Haiku-Wertigkeit mit sich, sondern verwirrt eher und schmälert hier nur seine verdiente Anerkennung als eigenständiges Genre.

2. Das Haiku als Einzeiler läuft grundsätzlich Gefahr, nicht seinen eigentlichen Charakteristiken zu genügen, dem immanenten, dreiteiligen Rhythmus, dem Wechselspiel von Form und Inhalt sowie der damit verbundenen, so wichtigen strukturellen Asymmetrie.

3. Einzeiler neigen umso mehr zu übermäßiger Kürze und zu Sprachspielereien. Das Haiku lebt jedoch, was seine zugrundeliegenden Beobachtungen anbetrifft, primär von Wahrnehmungen über die Sinne, nicht von Konstrukten des Verstandes.

4. Gelungene Einzeiler bedürfen fast ausschließlich einer besonderen Motivation, die ihren Ausgang fast ausschließlich von formalen Aspekten herleitet.

Ganz generell gilt: Gerade beim Erstellen eines Haiku ist besonders darauf zu achten, dass jedes Wort, dass alle sprachlich-poetischen Hilfsmittel, jede Pause und eben auch jede Formatierung gewissenhaft daraufhin zu überprüfen sind, ob sie letztlich dem Gedicht wirklich zugutekommen oder es nicht vielmehr in seiner zugrundeliegenden Aussagebreite und ästhetischen Gesamtwirkung beeinträchtigen.

Eleonore Nickolay

Die französische Ecke

In Frankreich gibt es eine beachtliche Anzahl von Kukai-Gruppen. Die erste entstand im Dezember 2006 in Paris. Es folgten Lyon, Vannes, Angers, Fécamp, Camaret-sur-Mer und Grenoble. Auch in Brüssel treffen sich schon seit einigen Jahren Haiku-Dichtende zum Austausch und Bewerten ihrer Haiku.

So ist es nicht erstaunlich, dass sich die GONG-Redaktion im theoretischen Teil der neuen Ausgabe (Nummer 78, Januar 2023) mit dem Phänomen „Kukai" beschäftigt. Allerdings, und meines Erachtens bedauerlicherweise, werden der Leserschaft nur Haiku des Kukai von Lyon und der Kukai-Gesellschaft „Mammaru" aus Tokyo vorgestellt, bei der man sich mit französischen Haiku per Mail beteiligen kann.

Der Winter und die Kälte waren dieses Mal Thema des Haiku-Aufrufes gewesen.

Es beteiligten sich 70 Autoren und Autorinnen mit insgesamt 207 Haiku. 39 davon schafften es mit 61 Haiku in die Auswahl.

l'enfant et sa mère	das Kind und seine Mutter
entre les stèles grises	zwischen den grauen Gedenksteinen
„on va où maman"	„wohin gehen wir, Mama"
Micheline AUBÉ	

posé sur mes cils   auf meinen Wimpern
la vie brève d'un flocon   das kurze Leben einer Flocke
l'hiver me rejoint   der Winter holt mich ein
  Michèle BAILLARGEON

nord-sud   Nord-Süd
sur les ailes des grues   auf den Flügen der Kraniche
les grands froids   die große Kälte
  BIKKO

neige du jour de l'an
les traces d'un chevreuil
écrivent la première page
    Bruno Paul CAROT

Arbres d'hiver
La maison d'en face
ne se cache plus
    Jean DIDIER

Elle est revenue
la neige de mon enfance
mes cheveux blanchissent
    Hervé COLARD

verglas soudain
sur le trottoir ma voisine
à quatre pattes
    Marie-France EVRARD

lotus fané
assise derrière la baie vitrée
elle regarde l'hiver
    Francoise MAURICE

première neige
au soleil s'en va déjà
mon premier enfant
    Louise MARTIN

Matin d'hiver
les étourneaux habillent
l'arbre nu
    Noëlle PERIN

Neujahrsschnee
die Spuren eines Rehs
schreiben die erste Seite

Winterbäume
Das Haus gegenüber
versteckt sich nicht mehr

Er ist zurück
der Schnee meiner Kindheit
mein Haar wird weiß

Blitzeis
meine Nachbarin auf dem Gehweg
auf allen Vieren

verblühter Lotus
hinter Glas sitzend
betrachtet sie den Winter

erster Schnee
in der Sonne geht es schon davon
mein erstes Kind

Wintermorgen
die Stare kleiden
den nackten Baum

Nachruf

Nachruf auf Werner Buschmann (4.2. 1951–26.9. 2022)
beim Haiku-Workshop in Wiesbaden, 16. Oktober 2022

Am 26.9.2022 um 9:45 Uhr ist Werner Buschmann an den Folgen von Lungenkrebs gestorben. Er gehörte mit seiner Frau Gabi zu den frühen Teilnehmern dieses Haiku-Workshops. Werner wurde etwas über 71 Jahre alt.

Ich kannte ihn aus der Arbeit in der Arbeitsagentur. Dort war er wie ich Berufsberater, danach Teamleiter, später auch Abteilungsleiter der BB in Limburg. Soviel ich weiß, hat er ein Studium LA Grund- und Hauptschulen absolviert.

Außerdem hat er zusammen mit seiner Frau Gabi das sogenannte „makro-forum.de" im Internet betrieben. Sie waren beide begeisterte Natur-Makro-Fotografen. (In der Makro-Fotografie werden Motive aus der Flora und Fauna durch den Einsatz eines speziellen Makro-Objektivs größer und detaillierter wiedergegeben, als dies mit dem bloßen Auge der Fall ist.)

Wie und wann er oder beide zum Haiku-Dichten gekommen sind, weiß ich nicht genau. Entscheidend ist, dass sie diese Form des Gedichtes für sich entdeckt und ausgeübt und sich mit anderen darüber ausgetauscht haben.

Man kann mal vermuten, dass die Makrofotografie ihren Blick für das Kleine und Unscheinbare geschärft hat. Was sie in der Fotografie entdeckt und ins Bild gesetzt haben, das haben sie im Haiku-Dichten gewissermaßen weitergemacht – nämlich Flüchtiges, Schönes, Bemerkenswertes entdeckt und ins Wort gefasst.

Ich hatte das Glück, eine Woche vor seinem Tod am Telefon eine Dreiviertelstunde mit Werner direkt sprechen zu können. Drei Charakterzüge oder Eigenschaften sind mir an seiner Person aufgefallen, die ich kurz skizzieren möchte.

Seine Fried-Fertigkeit

Gabi hat in ihrem Nachruf im Makroforum daran erinnert, wie Werner als Betreiber des Forums gewirkt hat. Sie schreibt, ihm sei das Miteinander wichtig gewesen. Es war ihm ein großes Anliegen, die unterschiedlichen Bedürfnisse der FotografInnen zufriedenstellend unter einen Hut zu bringen. Er hatte dafür das Fingerspitzengefühl, aber auch die Fähigkeit, die Dinge bis zum tiefsten Punkt durchzudenken und auszuloten. All das hat Werner eingesetzt, um friedlich miteinander umzugehen

Diese Beobachtung kann ich aus meiner Bekanntschaft mit Werner in der AA und aus seiner Art der Teilnahme und Moderation im Haiku-Workshop bestätigen. Das ist es, was ich seine Fertigkeit zum Frieden nennen möchte: Das Miteinander fördern, das Fingerspitzengefühl haben für die Bedürfnisse aller und darauf eingehen sowie die Fähigkeit besitzen, auf den Grund der Dinge zu gehen.

Sein Engagement und seine Wissbegierde

Sowohl seine Art und Weise, hier oder im AA zu diskutieren, als auch seine Art, Gruppen zu leiten und Diskussionen zu moderieren, waren von Engagement und Wissbegierde geprägt. Werner wollte die Dinge wissen, und das mit dem vollen Einsatz seiner Persönlichkeit. Was er machte, machte er ganz. Was er wissen wollte, wollte er ganz wissen und verstehen. Das Engagement und die Wissbegierde waren gewissermaßen ganzheitlich; sie bezogen sich auf alles, was ihm begegnete. Er tat sich am Anfang, soweit ich mich erinnere, nicht leicht damit, das Wesen des Haiku zu verstehen und im Schreiben und Formulieren umzusetzen. Aber er blieb hartnäckig im Nachfragen und Lernen.

Er wollte es ganz und richtig und gut machen.

Seine Haltung zum Leben und zum Sterben

Auch darauf hat Gabi in ihrem Nachruf hingewiesen: Man könnte sagen: So friedfertig und engagiert, so klar, direkt und ganz wie Werner die Dinge bei der Arbeit und bei seinem Hobby analysiert und dann angepackt hat, so hat er auch das Leben gesehen und das Sterben bestanden.

Er wollte das Leben in Würde und Freude so lange leben, wie es irgend möglich war – aber er wollte es nicht um den Preis der Unwürdigkeit und des Leidens unnötig verlängern.

Er war gefasst und mutig, als es soweit war. Dabei hat ihn seine Frau Gabi ganz und gar und bis zum Letzten unterstützt.

Sie schreibt von ihnen beiden dazu:

> Mit dem Tod sind wir beide versöhnt, wir wissen, dass er eines Tages kommt und nun ist es bei Werner soweit und das haben wir miteinander akzeptiert.
> Wir sind dankbar für die 52 guten Jahre, die wir miteinander haben durften - das ist so ein reiches Geschenk!
> Zwischen uns ist Liebe und alles gesagt und getan, nichts ist unerledigt.

Das drückt sich auch in Werners eigenen Worten aus.
Er hat im Jahr 2008, beim Tod seiner Mutter,
den folgenden Text formuliert,
der jetzt auch für ihn gilt:

Die letzten Tage / am Rande des Todes /
sind ein Erwarten / zwischen Frage und Not. /
Der rettende Arm / des Geisterboten / zeigt uns den Weg /
aus der Angst / in den Morgen. (WB 2008)

Am 17. Okt. 2022 wurde Werner Buschmann im engeren Kreis der Familie und Freunde beigesetzt. Möge er ruhen in Frieden! Seine Frau Gabi hat einige seiner letzten Haiku zusammengestellt; daraus habe ich folgende 10 Haiku ausgewählt.

René Possél – Januar 2023

Letzte Haiku von Werner Buschmann

Meine Lunge
und meine Frau –
so tapfer.

Eines beruhigt.
Ich sterbe schneller …
als die Inflation steigt

Meine neuen Wanderschuhe
liegen neben mir im Bett.
Wo wird die Reise hingeh'n?

So viele Tests
im Krankenhaus.
Kennen sie mich jetzt?

Zu spät für den Workshop.
Mein Haiku –
es bleibt bei mir.

Dass du gehst,
ist ok. Lass dein Lächeln da –
bitte!

Ich durchsuche
den Kompost
nach Haiku-Material

Vater Hein, ein Deal:
Ich gehe gerne –
aber ohne mein Lächeln.

Diagnose: Endstadium Krebs.
Neue Turnschuhe kaufen?
Ich setze auf Risiko.

Endstadium Krebs.
Viele Freunde rufen an.
Viele kann ich trösten.

Foto: Werner Buschmann

Neue DHG-Mitglieder

Neue DHG-Mitglieder im zweiten Halbjahr 2022 – alphabetisch zusammengestellt von Thomas Opfermann

Folgende neue Mitglieder heißen wir herzlich willkommen und freuen uns, sie mit zwei eigenen Texten hier an dieser Stelle vorstellen zu können:

Claudia Berghorn aus Münster/Nordrhein-Westfalen

> Socken, quer gestreift,
> kniehoch in den Sandalen:
> kein glücklicher Mann.

> Der bunte Karpfen
> zieht ruhig seine Bahnen im
> Chinarestaurant.

Gernot Blieberger aus Groß Siegharts/Österreich

> Lichtspiel im Schatten
> Zartes Weiß am Sommertag
> Kleiner Fund am Weg

> Nachmittag im Feld
> Farbenspiel der Zeitenwende,
> Sommer wird zu Herbst.

August Bromkamp aus Skärholmen/Schweden

> Frühstück beendet
> zum Schluss ein lächelnder Blick
> wir sind so dankbar

> Das Konzert endet –
> ein Augenblick der Stille –
> tosender Applaus

Marcus Christopher aus Stockerau/Österreich

> Mein Sommer fährt ab.
> Erst am Ende des Bahnsteigs
> stoppt mich ein Warnschild.

> Ruhelose Nacht.
> Einsam reist das kalte Licht
> vorbei am Bett.

Nadja Daum aus Karlsruhe/Baden-Württemberg

Magnolienknospen
warten auf Licht und Wärme
tagein tagaus

Regen tröpfelt sanft
von Wolken losgelassen
hilft Pflanzen leben

Werner Rohmann aus Helmstedt/Niedersachsen

Frühlingsduft
Vertraut das Tock Tock Tock
Des Wanderstabes

Aus dem Nichts
In Endlosschleife
Der Ohrwurm

Guido Saslona aus Neuhardenberg/Brandenburg

Ein Alter liest
im Vogelflug die Zukunft,
nickt und schweigt.

Mit beiden Händen
gräbt der Tierfreund ein Loch
in die Stille.

Udo Zielke aus Kiel/Schleswig-Holstein

Die feuchte Wiese
versunken im weißen Meer
Septembernebel

Trockene Blätter
unter die Hecke geweht
Der Herbst weist den Weg

Kompakt

Haben Sie immer schon mal einen Begriff rund ums Haiku gehabt, zu dem Sie gerne etwas mehr erfahren würden? Dann schreiben Sie an die Redaktion oder an post@claudiabrefeld.de

Claudia Brefeld

Zōka
(Anfrage eines DHG-Mitglieds)

zōka (造化) = Natur, das Universum, Schöpfung, das Schöpferische
zōka zuijun = dem Schöpferischen folgen

Unter dem Begriff Natur verstehen wir im Allgemeinen ein Gebiet, sei es ein Wald, eine Wildnis oder ein größeres Areal mit Flüssen, Pflanzen und Tieren.

David Landis Barnhill hat Zōka in einem Interview (von Robert D. Wilson) sehr treffend wie folgt umschrieben:

> „Zōka, das ich mit ‚das Schöpferische' übersetze, bezieht sich auf keines dieser Dinge. Es ist die Vitalität und Kreativität der Natur, ihre Tendenz und Fähigkeit, schöne und wunderbare Verwandlungen zu vollziehen. Es ist weder ein Ort oder eine Ansammlung von Dingen, noch ist es etwas außerhalb der Natur, das sie lenkt oder Dinge ins Leben ruft – daher ist die Übersetzung ‚der Schöpfer' irreführend. Zōka ist die fortwährende, kontinuierliche, sich selbst umwandelnde Kreativität der natürlichen Welt."

Es ist ein von Bashō vertretenes poetisches Ideal, dem natürlichen Fluss des Universums zu folgen (*zaohua*, daoistisches Prinzip), und es betont die Natürlichkeit und Spontaneität und letztendlich die Einheit des poetischen Geistes und der äußeren Welt in der haikai-Dichtung. So sind es bestimmte Elemente in Bashōs Poetik wie „Objekt und Selbst als eins" (*butsuga ichinyo*) und „dem Schöpferischen folgen" (*zōka zuijun*), die mit dem Bedürfnis des

Dichters zu tun haben, sich zu verwandeln und gleichzeitig in der Kulturlandschaft verwurzelt zu sein. Was auch bedeutet, auf Veränderungen und den Rhythmus der Natur zu reagieren und sich auf die vier Jahreszeiten einzulassen, eine unerschöpfliche Quelle der Inspiration für die Kunst.

An dieser Stelle sei *kibutsu chinshi* hervorgehoben, eine poetische Technik, die Gedanken metaphorisch durch äußere Dinge ausdrückt, insbesondere durch Bilder aus der Natur. Bashō trieb diese Technik bis zu dem Punkt voran, an dem das Äußere zum Inneren und das Innere zum Äußeren wurden.

Im Kapitel „Following the Creative" in „Traces of Dreams" wird dies anhand eines Haiku von Bashō sehr anschaulich erläutert:

a wild sea –
stretching out to Sado Isle
the Milky Way

araumi | ya | Sado | ni | yokotau | amanogawa
rough | : | Sado | to | lay | River-of-Heaven

In diesem Beispiel stellen die raue See (*araumi*) oder der Fluss des Himmels/die Milchstraße (*amanogawa*) keine abstrakten Konzepte dar. Stattdessen fungieren die See und die Milchstraße als unmittelbarer Schauplatz oder Landschaftsgestalter und als Projektion des emotionalen Zustands des Dichters. Die Objekte der Natur, die nur insofern existieren, als sie vom Dichter implizit gesehen werden, werden vom inneren Zustand des Dichters ununterscheidbar. Nur der Dichter, der dem Schöpferischen folgt, kann diese Art von Verbindung zwischen dem Zōka im Inneren und dem Zōka außerhalb herstellen.

Es liegt also nahe, dass Bashō (so wie auch schon chinesische Denker vor ihm) in der Schönheit, die mit den Metamorphosen der Natur einhergeht, eine Parallele zwischen Kunst und der Kreativität der Natur sah. Unter diesem Aspekt sind wohl auch folgende Aussagen von Bashō einzuordnen (in: Bashō's Haiku):

松のことは松に習へ	„About a pine, learn the pine!"
Matsu no koto wa matsu ni narae	Von der Kiefer über die Kiefer lernen.
造化にしたがひ、造化にかへれ	„Follow Nature, and return to Nature!"
Zōka ni shitagai, zōka ni kaere	Folge der Schöpfung/dem Schöpferischen (Zōka), kehre zurück zur Schöpfung/zum Schöpferischen (Zōka).

Beide Äußerungen strahlen eine selbstverständliche Leichtigkeit aus, und erst beim Versuch der Umsetzung erahnt man ihre Tiefe, ihr immenses Potenzial.

Quellennachweise:

- An Interview with David Landis Barnhill by Robert D. Wilson on April 4, 2011. In: Under the Bashō 2017.
  https://www.thehaikufoundation.org/omeka/files/original/5deb92abb147b513eff334921a965fa6.pdf.

- Haruo Shirane (1998): Traces of Dreams: Landscape, Cultural Memory, and the Poetry of Bashō. Stanford University Press, 381 Seiten. ISBN 0804730997, 9780804730990.

- Peipei Qiu (2005): Bashō and the Dao: The Zhuangzi and the Transformation of Haikai. University of Hawai'i Press, 264 Seiten.
  ISBN-13: 978-0824828455.

- Toshiharu Oseko (1990): Basho's Haiku. Literal Translations for Those Who Wish to Read the Original Japanese Text, with Grammatical Analysis and Explanatory Notes. MARUZEN Co., Ltd., 512 Seiten.

Auswahlen

Die Haiku- und Tanka-Auswahl März 2023

Es wurden insgesamt 237 Haiku von 82 Autoren und 60 Tanka von 26 Autoren für diese Auswahl eingereicht. Einsendeschluss war der 15. Januar 2023. Diese Texte wurden vor Beginn der Auswahl von mir anonymisiert.

Jedes Mitglied der DHG hat die Möglichkeit, eine Einsendung zu benennen, die bei Nichtberücksichtigung durch die Jury auf einer eigenen Mitgliederseite veröffentlicht werden soll.

Eingereicht werden können **nur bisher unveröffentlichte Texte** (gilt auch für Veröffentlichungen in Blogs, Foren, inklusive die Foren auf HALLO HAIKU, sozialen Medien und Werkstätten etc.).

Bitte keine Simultan-Einsendungen!

Bitte **alle** Haiku/Tanka **unbedingt gesammelt in einem Vorgang** in das Online-Formular auf der DHG-Webseite HALLO HAIKU selbst eintragen: https://haiku.de/haiku-und-tanka-auswahl-einreichen/

Ansonsten per Mail an: auswahlen@sommergras.de

Der nächste Einsendeschluss für die Haiku-/Tanka-Auswahl ist der 15. April 2023.

Jeder Teilnehmer kann bis zu **sechs** Texte – **drei** Haiku und **drei** Tanka – einreichen.

Mit der Einsendung gibt der Autor/die Autorin das Einverständnis für eine mögliche Veröffentlichung in der DHG-Haiku-Agenda, auf http://www.zugetextet.com, sowie für eine mögliche Vorstellung auf der Website der Haiku International Association.

Haiku-Auswahl

Die Jury bestand aus Dagmar Westphal, Hildegard Dohrendorf und Sebastian Salie. Die Mitglieder der Auswahlgruppe reichten keine eigenen Texte ein.

Alle ausgewählten Texte – 25 Haiku von 21 Autoren – werden in alphabetischer Reihenfolge der Autorennamen veröffentlicht. Es werden maximal zwei Haiku pro Autor aufgenommen.

„Ein Haiku, das mich besonders anspricht" – unter diesem Motto besteht für jedes Jurymitglied die Möglichkeit, bis zu drei Texte auszusuchen (noch anonymisiert), hier vorzustellen und zu kommentieren.

Da die Jury sich aus wechselnden Teilnehmern zusammensetzen soll, möchte ich an dieser Stelle ganz herzlich alle interessierten DHG-Mitglieder einladen, als Jurymitglied bei kommenden Auswahl-Runden mitzuwirken. Richten Sie Ihre Anfrage per E-Mail bitte an: peter.rudolf@dhg-vorstand.de

Peter Rudolf

Ein Haiku, das mich besonders anspricht

Mandarinenduft
und das Knacken der Nüsse
im Luftschutzbunker

Eva Beylich

Romantisch und besinnlich beginnen die beiden ersten Zeilen: Wenn die Nüsse reifen und die ersten Mandarinen auf den Markt kommen, verraten sie uns die Zeit im Jahr, von der das Haiku erzählt: Wir sind im späten Herbst Ende November oder Anfang Dezember.

Nur eine kurze Atempause als Zäsur ist uns vergönnt zwischen der zweiten und dritten Zeile, bevor unerwartet mit voller Wucht das Wort „Luftschutzbunker" in die Stille der Szenerie knallt.

Kein Laut zwischen den Bombenangriffen, nur das Knacken der Nüsse, und in der Enge der Duft von Mandarinen. Wer oder wie viele Menschen sich im Bunker aufhalten, wird nicht gesagt – und doch sehen wir sie vor uns: zusammengerückt und die Köpfe gesenkt. Und eine(r) verteilt Mandarinen und Nüsse. Es ist Advent – und ein Hauch von Hoffnung breitet sich aus mitten im Krieg. All meine Sinne spricht es an, dieses Haiku in klassischer Silbenanordnung 5-7-5.

Es ist zeitlos wie leider auch aktuell.

Ausgesucht und kommentiert von Dagmar Westphal

Draußen der Schneesturm –
unbeweglich am Fenster
die schwarze Katze.
   Yann Brunotte

Diesen Text nehme ich auf den ersten Blick als winterliches Spiel der Gegensätze wahr: draußen der lebensfeindlich-kalte Sturm, aber in Bewegung – drinnen die lebendig-warme, jedoch im Stillstand verharrende Katze; dazu die Szenerie in schwarz-weiß bzw. weiß-schwarz. So aufgeräumt und pittoresk das Bild zunächst erscheinen mag, so geheimnisvoll und inspirierend ist es bei genauerer Betrachtung.

Schließlich wird mit schwarzen Katzen allerlei Aberglaube verknüpft. Jahrhundertelang wurden solche Tiere in weiten Teilen des christlichen Europa als „Teufelswesen" gemieden, wenn nicht gar verfolgt und getötet, und bis heute hält sich die Vorstellung, eine schwarze Katze bringe Unglück. Mancherorts, so etwa in Japan oder England, gelten sie dagegen als Glücksbringer, teilweise insbesondere für Frauen. So herrscht einem englischen Sprichwort zufolge kein Mangel an Freiern, wenn die Hauskatze schwarz ist. Auch im vorliegenden Haiku scheint die Färbung des Tieres wichtig zu sein, wird sie doch ausdrücklich erwähnt. Ein Verweis auf eine irrationale Sphäre schwingt zumindest mit und öffnet den Text – passend zur geschilderten Jahreszeit – für mystische Lesarten.

Ob man solchen Überlegungen folgen mag oder lieber nicht: Es stellt sich mir auf jeden Fall die Frage, ob die Katze angesichts der Witterungsbedingungen glücklich ist, in Sicherheit zu sein – wir gehen davon aus, dass der Text so gemeint ist, dass sie sich im Haus und nicht draußen befindet, was dem Haiku ansonsten einen weitaus weniger ansprechenden Charakter verliehe – oder ob sie eher die Unmöglichkeit der Mäusejagd still bedauert und diese Phase stoisch abwartet. Die Antwort bleibt wohl ihr Geheimnis, denn wer kann schon in den Kopf einer Katze schauen? Aber die Frage ist es wert, gestellt zu werden, und zwar auch an mich selbst: Wie gehe ich mit Situationen um, die mich in meiner Handlungsfreiheit einschränken und an denen ich nichts ändern kann? Insofern taugt mir das in dem Haiku gezeigte Bild als Anregung zum Nachdenken und als Resilienzverstärker für stürmische Zeiten – und die schwarze Katze erweist sich somit eher als Glücksbringer denn als dämonische Gestalt.

Ausgesucht und kommentiert von Sebastian Salie

Die Auswahl

Augen wie Sonnen
Blütenduft weht mir ums Herz
Ein Hauch von Frühling
   Daniel Behrens

Mandarinenduft
und das Knacken der Nüsse
im Luftschutzbunker
   Eva Beylich

löchriger Teppich
aus verfaulten Herbstblättern
Gedächtnislücken
   Eva Beylich

Christliche Weihnacht
in unserem Wohnzimmer
der Stallgeruch
   Heiner Brückner

Draußen der Schneesturm –
unbeweglich am Fenster
die schwarze Katze.
    Yann Brunotte

Neujahrsmorgen
beim Öffnen der Tür
ein Schwall alter Blätter
    Petra Fischer

Sprühregen
im Briefkasten
trockene Worte
    Matthias Gysel

die Bahn fährt ab
ihr Lächeln im Zugfenster
bleibt für immer
    Gérard Krebs

Im Krankenzimmer
fächelt das kleine Mädchen
der Puppe Luft zu.
    Moritz Wulf Lange

Mondsichel
das lange Warten
auf seine Antwort
    Eleonore Nickolay

einzelhaft
die fliege am fenster
dreht ihre runden
    Ludmilla Pettke

auf dem Weg in
die Klinik – Vater bittet mich
zu wenden
    Michael Deisenrieder

Die Nacht eisig und klar
nur dein Schweigen
ist kälter
    Dieter Gebell

reha-zentrum
die stimme des rotkehlchens
vom band
    Michaela Kiock

Weihnachtskugeln
das Leuchten in den Augen
der Dreijährigen
    Gérard Krebs

der Bombentrichter
tief im Wald
blühen Buschwindröschen
    Eva Limbach

Winterweg
Hand in Hand
unsere Wärme
    Eleonore Nickolay

Haushaltsauflösung
die Frau im Flur trägt das Parfum
meiner Nachbarin
    Kamil Plich

fremde Stadt
der Mann ohne Obdach
wünscht frohe Weihnacht
    Evelin Schmidt

beim Klassentreffen
die erste Liebe
Apfelblütenduft
    Marie-Luise Schulze Frenking

Abreise –
der Rinnstein gelb
von Blütenstaub
    Angelica Seithe

Morgenbrise
eine Spinne schwingt
in den Tag
    Friedrich Winzer

im kahlen Birnbaum
die Katze und die Krähe
Auge in Auge
    Helga Schulz Blank

Mittsommernacht
Das kurze Schweigen zwischen
Fröschen und Vögeln
    Monika Seidel

Flohmarkt
ein Händler vertrödelt
die Zeit
    Friedrich Winzer

Tanka-Auswahl

Silvia Kempen und Martin Thomas wählten 9 Tanka von 7 Autoren aus. Die ausgewählten Texte werden in alphabetischer Reihenfolge der Autorennamen veröffentlicht. Es werden maximal zwei Tanka pro Autor aufgenommen.

  „Ein Tanka, das mich besonders anspricht" – unter diesem Motto besteht für die Jurymitglieder die Möglichkeit, bis zu drei Texte, noch anonymisiert, hier vorzustellen und zu kommentieren. Diesmal wurden zwei Texte ausgewählt.

Ein Tanka, das mich besonders anspricht

aus vielen Sommern
setzt das Holz die Wärme frei
im Feuerofen
in wenigen Minuten
wird Jahr um Jahr zu Asche
   Marie-Luise Schulze Frenking

Wer kennt sie nicht, die wohlige Wärme eines Kamins oder Feuerofens im Winter? Der klirrenden Kälte die Stirn bietend, schaut man wie hypnotisiert in die lodernden Flammen und vergisst Zeit und Raum. Die Luft erfüllt vom Geruch des brennenden Holzes, kommt nur dann Bewegung ins Spiel, wenn Scheite nachgelegt werden müssen. Worte fallen keine, sodass man sich in Gedanken immer weiter vom Hier und Jetzt entfernt. Im Zustand der Transzendenz verschwimmen schließlich die Grenzen zur Realität, taucht man ein in das Urbewusstsein vom ewigen Kreislauf des Lebens.

Das vorliegende Tanka beschreibt jenen Zustand der Transzendenz und die mit ihm in Verbindung stehenden Gefühle und Gedanken in objektiv-sachlicher Weise. Kein Wort zu viel, kein Wort zu wenig, lebt es insbesondere durch seine motivisch (Sommer – Wärme – Holz – Feuer – Asche) und temporal (viele Sommer – wenige Minuten – Jahr um Jahr) geknüpften Assoziationsketten, die es als stilistisch durchdacht offenbaren. Dabei dient das Bild des über viele Jahre gewachsenen Baumes, der binnen weniger Augenblicke zu Asche zerfällt, als Metapher für die Vergänglichkeit allen Seins.

Gut möglich, dass manch eine Leserin oder manch ein Leser das Gedicht als überladen empfindet. Meines Erachtens unterstreicht die erzeugte sprachliche Schwere die vorhandene inhaltliche Tiefe jedoch in einem ansprechenden Maß. Zumal das Gedicht bei genauerem Blick keineswegs nur einen melancholischen Fatalismus proklamiert, sondern im Gegenteil die Notwendigkeit des Übergangs betont. Ohne den Tod des einen wäre das

Leben des anderen nicht denkbar. Anders gesagt: Alle Lebewesen – ob Pflanze, Tier oder Mensch – befinden sich in einem ewig währenden, voneinander abhängigen Zyklus, der von der Geburt über das Heranwachsen bis hin zum Tod reicht.

Am Ende könnte man somit durchaus auch eine gewisse Dankbarkeit – oder zumindest den Aufruf zu eben dieser – aus dem Text herauslesen. Eine Dankbarkeit, die vielen von uns – und hier schließe ich mich explizit mit ein – angesichts des maßlosen Konsums von Ressourcen jeglicher Art abhandengekommen ist. So täte man gut daran, wie die Autorin oder der Autor des vorliegenden Gedichts, öfter einmal innezuhalten und sich zu vergegenwärtigen, was man da gerade im Ofen verfeuert, was man da auf seinem Teller vor sich liegen hat, und welche Rolle man selbst in diesem Kreislauf spielt bzw. einnehmen möchte.

Ausgesucht und kommentiert von Martin Thomas

Heimkehr
nach durchzechter Nacht
trifft mich
der vorwurfsvolle Blick
meines Hundes
Friedrich Winzer

Als Einstieg in diesem Tanka zunächst die Information: „Heimkehr / nach durchzechter Nacht". Dann das zentrale Element „trifft mich / der vorwurfsvolle Blick". Wenn man darüber nachdenkt, wessen Blick das sein könnte, würde man annehmen, es wäre der/die Lebenspartner/in. Wird jetzt ein Streit stattfinden? Hängt dann der Haussegen schief?

Die Auflösung ist überraschend, es ist der Hund. Der beste Freund des Menschen. Allgemein wird vermutet, dass Menschen in die Blicke von Hunden etwas hineininterpretieren, aber es gibt eine Studie über die Gesichtsmuskulatur von Hunden und Wölfen, die etwas anderes besagt. Es wurde festgestellt, dass nur Hunde einen speziellen Muskel besitzen, der die Braue hebt. Dadurch erscheinen die Augen größer, kindlicher, und der Ausdruck von Traurigkeit ist möglich.

Wer Hundeblicke kennt, der weiß, wie nachhaltig sie wirken können. Der/die Heimkehrer/in wird diesen Blick so leicht nicht vergessen und beim nächsten Mal vielleicht nicht so lange fortbleiben.

Ausgesucht und kommentiert von Silvia Kempen

Die Auswahl

die Kiefer und ihr Gärtner
die Zeit hat beide
krumm gemacht
ihre Schatten, verzweigt
wie aus einem Stamm
    Stefanie Bucifal

nun, da du hier bist
fehlt mir die Erinnerung
an das, was hätte sein können,
wäre alles nur ein Traum
geblieben
    Gabriele Hartmann

charmant und wortgewandt
hinter dem Rednerpult …
die Kollegin meint,
er spreche nie
mit Frauen
    Birgit Heid

ich packe
meine Zeitkapsel …
mit Rotwein
dem Weißen Album
und dir
    Gabriele Hartmann

vor dem ostbahnhof
kostenloser bibelkurs –
vier junge frauen
arbeiten an meiner
orientierung
    Bernhard Haupeltshofer

aus vielen Sommern
setzt das Holz die Wärme frei
im Feuerofen
in wenigen Minuten
wird Jahr um Jahr zu Asche
    Marie-Luise Schulze Frenking

der Tag räuspert sich
und klopft an Fensterscheiben
aus seinen Höhlen
kriecht – noch etwas verschlafen –
das Stadtleben
 Brigitte ten Brink

ein glückliches Paar
beim Hochzeitswalzer
für einen Moment
werde ich zum Traumtänzer
im Rollstuhl
 Friedrich Winzer

Heimkehr
nach durchzechter Nacht
trifft mich
der vorwurfsvolle Blick
meines Hundes
 Friedrich Winzer

Sonderbeitrag von René Possél

René Possél hat aus allen anonymisierten Einsendungen ein Haiku ausgesucht, das ihn besonders anspricht.

Flohmarkt
ein Händler vertrödelt
die Zeit
 Friedrich Winzer

Dies scheint auf den ersten Blick ein Haiku, das vom Spiel mit der Wortfamilie „Trödel – trödeln" lebt. Schon das Setting mit „Flohmarkt" in der ersten Zeile lenkt die Gedanken in Richtung „Trödel". Ein Flohmarkt dient dem Verkauf alter, ausgedienter, unnützer Sachen – Trödel eben. Die zweite Zeile verstärkt das mit dem Prädikat „vertrödeln", das heißt, Zeit ungenützt verbringen, vergeuden. Dass ein Händler mit „Trödel" also „trödelt", ist irgendwie naheliegend und macht vordergründig das Wortspiel und den Schmunzelwert des Haiku aus.

Tatsächlich scheint mir das Haiku auch ein bemerkenswerter Kommentar zum Thema „Zeit", dem letzten Wort in der dritten Zeile. Auf Flohmärkten ausgediente und „aus der Zeit gefallene, unnütze Sachen" zu verkaufen, ist ohnehin ein Statement zum Thema „Zeit". Der „Trödel" macht die Vergänglichkeit und Veraltung der Dinge in der Zeit und damit die Dialektik der Zeit sichtbar: Was gestern noch modern und „up to date" war, ist heute passé, veraltet.

> *„Je schneller (aber) das Neueste zum Alten wird, desto schneller veraltet auch das Veralten selbst, und umso schneller kann Altes wieder zum Neuesten werden."*
> (Odo Marquardt)

Wer die Dialektik der Dinge in der Zeit erkannt hat und damit handelt, kann im „trödelnden" oder auch gelassenen Umgang mit der Zeit die Dialektik auch im eigenen Verhalten deutlich machen. Ein philosophisches Haiku.

unter anderem
zuschaun gelernt...
Muttertag

Foto: Claudia Brefeld und Haiku: Bernadette Duncan

Mitgliederseite

Jedes Mitglied der DHG hat die Möglichkeit, eine Einsendung zu benennen, die bei Nichtberücksichtigung durch die Jury der Haiku- und Tanka-Auswahl auf dieser Mitgliederseite veröffentlicht werden soll.

stromsparend
die straßenbeleuchtung
mit wackelkontakt
   Sylvia Bacher

Januaramsel
ihr Lied
lässt ihn kalt zurück
   Martin Berner

leer
die Stiefel im Flur
andere Wege
   Marcus Blunck

am Talschluss
wo alles endet
himmelhohes Licht
   Horst-Oliver Buchholz

Grabstein – ein Kirschbaum
zum Anfassen nah, so nah.
„Einsteigen" – Aufruf
   Verona Costache

Das Jahr ist noch jung
bei meinem Abstieg vom Berg.
Schon ein Schmetterling.
   Thomas Berger

Schnee versperrt den Blick
eine Obstfliege umkreist
den letzten Apfel
   Eva Beylich

Mit lauter Technik
man will den Schmerz nicht hören –
Baumfällarbeiten
   August Bromkamp

Grasland
der Wind ist
ohne Ort
   Stefanie Bucifal

Weihnachtsbaum – ein Kind
streckt die Arme aus nach dem
Licht voll Seligkeit.
   Loretta Gaukel

Am Weg zum Weiher,
zwischen Christrosen und Schnee:
Erste Palmkätzchen!
   Josef Graßmugg

früh am Morgen
der Kopf tief
im Gefieder
   Matthias Gysel

Wintermond
wir zweifeln
und tasten
   Gabriele Hartmann

Tiersprache
ich lerne
Zuhören
   Birgit Heid

Heimweh nach gestern ...
unsere Rücken wärmt
Neujahrssonne
   Angelika Holweger

Moosgrüner Landrover
in der Rushhour
ein Hauch von Natur
   Petra Klingl

spät aufgestanden
der letzte Schnee noch
in seiner Insta-Story
   Kamil Plich

Zwei im Spiegel
Maske
die sich mein Haar kämmt
   Claus-Detlef Großmann

Jahreswechsel –
übers Feld weht sacht
ein Kranichruf
   Claus Hansson

handicap : die hand-
voll stille / nicht
aufzugreifen
   Bernhard Haupeltshofer

Nur ein Tintenfleck?
Vielleicht aber auch ein Meer
Ver(w)irrter Worte.
   Christian Hövel

Katzenlied Sendung.
Der Alte lächelt boyish,
Freudentränen.
   Saskia Ishikawa-Franke

Buntes Laub:
Des Herbstbodens
weicher Teppich
   Katja Leonhardt

im friedhof belegt
der kahle ginkgobaum
ein grab mit gold
   Johann Reichsthaler

Grab meiner Eltern –
In dem ewigen Frieden
mit neuen Nachbarn
    Dragan J. Ristić

Wüste ringsum.
Auf dem Rasen … keine Fatamorgana –
's ist Ronaldo!
    Michael Rasmus Schernikau

Tauwetter
der Schnee von gestern
schwebt im Nebel
    Evelin Schmidt

mein kleines Mädchen
bei der Anprobe
seines Brautkleides
    Marie-Luise Schulze Frenking

dieser geruch:
schwefel und kohle.
20 jahre nicht gerochen
    Thomas Steiner

die Bachstelze fliegt
am Schwarzenbach herrscht Ruhe
Lichtsterne im Wasser
    Johannes Weber

ein Brief vom Meer
auf dem Küchentisch
wird der Kaffee kalt
    Frank Sauer

die blätter fallen
aus der*dem bastelbuche
graue literatur
    Annika Carmen Schmidt

Nah oder fern
in unsere Fenster scheint
derselbe Mond
    Maren Schönfeld

Spaziergang im Wald,
alles ist nur nass, nicht weiß.
Kein Schnee im Eismond.
    Gerhard A. Spiller

Trüber Wintertag –
und dennoch blüht sie auf
die Amaryllis
    Angela Hilde Timm

Beim Mittagsläuten
im Garten zehn Tulpen gepflanzt
Frühlingsvorfreude.
    Birgit Wendling

Die Auswahl der folgenden Texte ebenso wie alle in dieser Ausgabe abgedruckten Haiga erfolgte durch Horst-Oliver Buchholz, Eleonore Nickolay, Claudia Brefeld und Thomas Opfermann.
Bei eigenen Einreichungen enthalten sich die Redaktionsmitglieder ihrer Stimme, Diskussion und Wertung.
Gerne verstärken wir unsere Jury in jeder Ausgabe um eine wechselnde Gaststimme. Wir laden alle DHG-Mitglieder ein, sich hierzu bei der Redaktion unter redaktion@sommergras.de zu melden!

Bei allen Beiträgen (inklusive Haiga) bitte keine Simultaneinsendungen. Bitte senden Sie je Gattung (Haiga, Haibun, Tan-Renga, etc.) **maximal drei** Beiträge an redaktion@sommergras.de!

Haibun

Bernadette Duncan

Manchmal fehlen die Worte für eine Überschrift

An der kleinen Kirche lehnen zwei ziemlich kleine Fahrräder, und ich schaue mal rein. – Der ausladende gusseiserne Kerzenständer ist von der Höhe her eher für Erwachsene gedacht und es gilt, sich nicht die Finger zu verbrennen beim Anzünden … Ich krame also in meinem Portemonnaie und sage beiläufig (Männerehre etc.), ob ich für sie gleich mitzahlen soll, wo ich schon dabei bin? Nicken. Beim Hinauseilen hallt ein erleichtertes Tschüss durchs Gemäuer. Schön, die vielen Kerzen.

    Flucht aus Kiew
    das ganze Kinderheim
    im dunklen Bus

Volker Friebel

Straßenlokal in Nord-Indien

Wir trinken Tee in einem wenig besuchten Straßenlokal irgendwo zwischen Orchha und Khajuraho in Nord-Indien. Fremde Gerüche, Stimmen von einem Nachbartisch, Rauschen von Ventilatoren, Fliegen kosten ihren Anteil am Gericht eines Lastwagenfahrers, der sie kauend betrachtet.

Ich werde auf eine Szene aufmerksam, die sich an einer Einfahrt schräg gegenüber dem Lokal abspielt. Ein Auto hat Halt gemacht, mehrere Männer versuchen, einer auf dem Anhänger liegenden Kuh aufzuhelfen. Gar nicht so einfach, ein Vorderlauf ist geschient. Sie beratschlagen. Passanten mischen sich ein.

Unser Reiseleiter bemerkt meinen Blick. „Es gibt sogar Krankenhäuser für Kühe; wahrscheinlich wurde sie gerade aus einem solchen zurückgebracht", meint er. „Gibt es auch Krankenhäuser für Menschen?", frage ich spitz. Was mir gleich leid tut. Aber er spricht schon mit einer Mitreisenden. Nicht alle Kühe sind heilig. Ich kann die einen von den anderen so wenig unterscheiden wie die Kasten der Inder. Jeder Einheimische sieht so viel mehr als ich. Und ich sehe manches, das sie nicht sehen. Meine ich zumindest.

Das Gute nimm, das Schlechte lass, rechne nicht auf. Reisen sind eine Gelegenheit zur Meditation über uns selbst. Was ist gut, was schlecht? Muss sich immer alles in Beziehungspfeilen verwirren: Wann, für wen, von welcher Warte aus gesehen, aus welcher Stimmung heraus, hinsichtlich welcher Parameter, die wer wohl bestimmt? Mehr und mehr nehmen uns die letztere Arbeit, die Bestimmung, allerdings wieder die Leute in den Schlössern ab. Noch ein paar weitere Krisen und wir sind sie dankbar ganz los (die Bestimmung, nicht diese Leute).

Ob heilig oder nicht, jede Kuh strahlt Würde aus. Auch die Menschen. Selbst wenn sie sich biegen müssen. Und alle müssen wir das, die Menschen, fürchte ich, noch mehr als die Kühe.

Beim Meditieren im Dojo hat mir allerdings immer die Niederwerfung besonders gefallen, wegen der Demut darin oder doch wenigstens dem Anschein davon. All das Analysieren, ob nun von den Angestellten der Leute in den Schlössern oder von uns, bringt sowieso nichts. Sich hineingeben, mit der Umgebung verschmelzen. Oder lachen. Wahrscheinlich braucht es beides, im Wechsel.

Die Menschen machen das instinktiv richtig. Historiker schreiben von Mitläufertum. Und vermeiden den Blick in den Spiegel. Jeder vermeidet ihn, außer er hat keinen. Ein Kind will ich sein oder ein Bär. Spiegelbilder gibt es auch im Fluss. Doch sie verraten dich nicht.

(So hangelt der Affe von Ast zu Ast.)

Uns fiel während der Fahrt in einem lichten Wald ein Wagen am Straßenrand auf. Der Fahrer hatte sich an die Tür der vergitterten Ladefläche gesetzt und wartete. Drinnen lagen Bananenstauden. Um den Wagen herum lungerte geduldig eine Horde Affen, neckte, jagte, lauste sich. Ein Auto hielt. Der Fahrer stieg aus, kaufte ein paar Bananen, warf sie dem kleinen Volk hin, stieg wieder ein und fuhr weiter.

Eine gute Tat ist etwas, das anderen guttut. Wenn daran noch ein dritter verdient, verdoppelt das den Verdienst? Haben die Affen Verdienst angehäuft, indem sie einem Menschen Gelegenheit gaben, an ihnen eine gute Tat zu vollbringen? Wahrscheinlich schon. Den Affen ist es vermutlich egal. Aber vielleicht wissen wir nur zu wenig über die Religionen der Affen. Heimlich verscheuche ich eine Fliege vom Rand meines Teeglases. Der Lastwagenfahrer isst immer noch.

Das Verhältnis zu den Tieren ist hier jedenfalls anders als bei uns. Bin ich gerührt? Bin ich zynisch? Natürlich wie immer alles Mögliche gleichzeitig. Das ist der Mensch, bin jedenfalls ich. Ich mag das nicht. Doch die Kultur ordnet das Chaos.

Und so heißt Tierliebe in Europa, einen Hund zu kaufen und ihm ein Halsband umzulegen. Zu seinem Besten und weil das Gesetz es so will. Menschenliebe legt den anderen nicht an die Leine und gibt ihm auch nicht zu fressen, wir essen zusammen. Liebe zu den Tieren heißt es in Europa, sieht aber aus wie Abhängigkeit und Herrschaftsverhalten. Liebe zu den Tieren heißt es in Indien, sieht aber aus wie eine eigennützige Anhäufung von Verdienst. Und hat doch eine Strahlkraft, auf Menschen und Tiere.

Der sanfte Blick einer Kuh.
Der sanfte Blick eines Hundes.

Und die Menschen? Oft denke ich: Nur die Kinder sind wahr. Aber sie lernen.

Es gibt auch Narren. Das sind Erwachsene, die es ablehnen zu lernen. Ich möchte ein Narr sein. Und seufze doch. Aber ein Narr bin ich trotzdem. Und Denken ist eine Strafe für Narren. So weit haben sie uns schon heruntergebracht.

Noch einen Tee. Der Lastwagenfahrer ist gegangen, lässt nun draußen sein Gefährt an. Er hupt („Bitte hupen" steht hinten auf den Fahrzeugen). Unser Reiseleiter trommelt die Gruppe zusammen. Die Fahrt durch den Dunst ist noch lang.

> Vor dem Lokal –
> eine Kuh grast im heiligen
> Licht.

Volker Friebel

Dreifaltigkeitskapelle Braitenbach

Eine Pilgerkapelle am Jakobsweg etwas abseits der Landstraße, nicht weit vom Bodensee zwischen zwei Höfen gelegen, mit offenen Fenstern, brennenden Kerzen, einer Vase mit blühenden Forsythien und abgefallenen Blütenblättern am Boden, einem Pilgerbüchlein mit Danksagungen, einem Stempel und Stempelkissen, und da ist ein Amsellied, das durch eines der offenen Fenster hereinschallt, wie das Dröhnen des Flugzeugs am Himmel, wie das Rauschen der Autos.

Die Märchenerzählerin sitzt still auf der ersten Bank. Vielleicht denkt sie an den Frieden, der auch im Büchlein erwähnt ist, obwohl Krieg herrscht, vielleicht denkt sie über ihr Leben nach, eine Blume am Weg.

Der Wind geht über uns alle hin, ob wir die Stirn in Sorgenfalten legen, ob wir lächeln.

Menschensehnsucht,
eine Flamme,
die tanzt.

Volker Friebel

Die Sprache der Bäume

In Münsingen auf der Alb fragt Elisabeth eine Frau, die gerade in ihr Auto steigen möchte, nach dem besten Weg auf den Beutenlay. Die lädt uns spontan ein, mitzufahren und setzt uns bei den Zelten und Wagen der Hopfenburg ab.

„Das ist das Land", sage ich.

Eigentlich dürfte man, folgte man dem aktuellen Diskurs, mindestens Tipis und Jurten, womöglich auch diese Bauwagen, nicht mehr verwenden, wegen des Verdachts der kulturellen Aneignung. Wir unterhalten uns über die Neigung intellektueller Kultur zum Wahnsinn und woher das nur kommen mag und finden sie schön.

Auch die Neigung gut meinender Menschen, selbst Natur in ein Klassenzimmer zu verwandeln, hat Vorteile, gerne lese ich die Schilder an etlichen der exotischen Bäume. Zwar habe ich den Verdacht, dass ihre Samen nicht gefragt wurden, ob sie hier wachsen wollen, dass von einer inklusiven Forstwirtschaft also keine Rede sein kann, höre allerdings keine Proteste. Das mag daran liegen, dass ich die Sprachen der Bäume nicht wirklich verstehe.

Die Stimmen der Vögel scheinen mir hier in den Kronen der vielen verschiedenen Bäume vielfältiger als anderswo.

> Arboretum,
> Licht und Schatten durchwoben
> von Vogelstimmen.

Michaela Kiock

unter Sternen . . .

der Weg nach Hause immer steiler. Wie schmal die Gassen, Häuser in allen Farben

> die alte Katze
> an den Pfosten gelehnt
> Duft von Brot

Frank Sauer

Harz

Die noch schwache Märzsonne müht sich durch den Morgenschleier, diffuses Licht streuend. Man kann ihr durch die Baumalleen mit ihren dünnen zerbrechlichen Stämmen ungefährdet ins Gesicht sehen. Bäume, die wie

Pinsel aufgestellt zum Morgenappell auf einem entmilitarisierten Kasernenhof stehen.

Neulich las ich irgendwo den Satz „Der Vergleich ist der Vater allen Unglücks."

    auf haltlosem Grund
    vom Borkenkäfer entkleidet
    kahle Fichten

Frank Sauer

St. Pauli

Die Nacht ist längst vorbei. Es wartet die nächste ohne Trost. Im Schlaf könnten die Männer ihn finden, zwischen den Seiten eines Buchs. Lesen und Schlafen. Ob auf der Reeperbahn oder anderswo. Schlafen und lesen. Zwischendurch das Leben bewältigen.

Im Morgengrauen ein Schritt nach dem anderen, ein Schluck nach dem nächsten. Der Blues hinter den Rotlichtscheiben der Frauen. Er bleibt

    das leere Glas
    die Straßenreinigung
    durchkreuzt einen Satz

Petra Fischer

Förderstunde

Die Tür zu dem kleinen Unterrichtsraum in der VHS steht offen. Ich warte auf den Schüler. Als er endlich kommt, zeigt sein Gesicht Tränenspuren. Um seinen rechten Arm ist ein Tuch gewickelt. Sein Skateboard hält er unter dem linken.

Beim Überqueren der Straße sei er gestürzt. Eine fremde Frau habe sich um ihn gekümmert. Habe ihr Kopftuch abgenommen. Habe es vorsichtig um seinen verletzten Arm gebunden.

    Biikebrennen
    im Schauer der Funken
    Schwalbenflug

Helga Stania

rosenlaui

die straße einspurig mit kleinen ausweichen, gesäumt von herbstbunten buchenwäldern, die mit zunehmender höhe in nadelwald übergehen. irgendwo in der tiefe tost der pfändlibach bis sich das tal nach ungezählten kurven öffnet.

sonnenschein wärmt die verlassene alp; vorbei an verriegelten hütten führt der weg bergauf ins gleißende licht von eiger und mönch.

    die alte stille über gletschern weiße windschleier

Rosenlaui: Unesco Biosphärenreservat im Berner Oberland

Christof Blumentrath

Der traut sich was

Zwanzig Jungen und Mädchen sitzen an kleinen Schreibpulten. Einige schauen hilflos zu ihrem Nachbarn hinüber, das Mädchen vor mir hat ihren Kopf auf die verschränkten Arme gelegt und weint. Kreide quietscht über schwarzen Schiefer.

Eine Frau mit Brille hatte soeben Tafeln, Kreidestifte und Putzschwämmchen verteilt.

Wir sitzen in einem Klassenraum der dörflichen Volksschule und werden auf unsere Fähigkeit zur Einschulung überprüft.

Die Aufgabe lautet: Jetzt schreibt ihr mal einen Brief an euren Opa.
„Ich kann das nicht!", ruft verzweifelt das Kind neben mir. Es fließen Tränen.

Ich habe in kurzer Zeit mit meinen Fantasiebuchstaben die ganze Tafel vollgekritzelt, in die winzige freigebliebene Ecke setze ich meine Unterschrift.

Damit habe ich sie überzeugt.
Einundsechzig Jahre später hängt genau diese Tafel in meiner Küche an der Wand.
14 Uhr 30 Augenarzt, nicht vergessen!

Schneetreiben
der kleine Junge malt
den Himmel blau

Christof Blumentrath

innerorts 50 km/h

Um 05:04 platzt die Fruchtblase. Ich werfe die gepackte Reisetasche in den Kofferraum, sie legt ein Handtuch auf den Beifahrersitz und zwängt ihren Körper in unser kleines rotes Auto. Ich bin hellwach und adrenalingeflutet. Nach halsbrecherischer Fahrt durch den frühen Maimorgen erreichen wir vierundzwanzig Minuten später das Krankenhaus. Sie bleibt, doch ich werde wieder nach Hause geschickt. Bitte haben Sie Geduld. Das kann noch ewig dauern.

In eigentümlicher Stimmung fahre ich zurück, frühstücke mit leerem Kopf an einem leeren Tisch, verstehe nichts von dem, was der Nachrichtensprecher im Radio sagt und gehe zur Arbeit. Um zehn Minuten nach 8 werde ich angerufen. Wenn Sie jetzt losfahren können Sie es noch rechtzeitig schaffen.

Keine Stunde später halte ich ihn in meinen Armen. Er hat schon Haare und greift mit seinen winzig kleinen Fingern nach meiner Hand.

Die zwei Fotos aus dem Blitzgerät klebe ich später in sein Fotoalbum.

> Donnergrollen
> auf Zehenspitzen
> zum Kinderbett

Angela Schmitt

genau dieses Blau

dann hast du es doch gefunden dieses Blau, im
wolkenlosen Himmel über der Côte d'Azur, in Assisi Japan
Paris – und die Leere

deine Spuren
lesen – in dem
blauen Bild

zu: Yves Klein, I.K.B.

Angela Schmitt

Hanami

Worte finden. Sie* rät dazu, eine neue Sprache zu erfinden, die Kirschblütensprache und Apfelblütenworte. Ein Austausch mit dem Baum kann sie freigeben. Diese Sprache und ihre Worte sind rosa und weiß, wie Blüten trägt der Wind sie lautlos davon. „Lerne zu schweigen in der rosa und weißen Sprache."

Hanami
mit dem Baum
schweigen

* Hilde Domin, Linguistik

Horst-Oliver Buchholz

Ausgang

Dann verstarb sie, war tot, lange erwartet - dann plötzlich. Ich blicke mich um und sehe nichts mehr, verhänge den Spiegel, halte die Uhr an, das macht man doch so, oder? Schließlich, nach einer stillen leeren Weile, erhebe ich mich, stehe aufrecht, verharre kurz. Dann gehe ich zum Fenster und öffne es –

> Vogelsang
> hell und licht
> und lauter

Gabriele Hartmann

Perspektiven

Der Wind vor dem Regen: kam, blies und ging. Unverrichteter Dinge – wie mir scheint.

Habe durchgeschlafen – fast, jedenfalls. Zwischendurch mal hochgeschreckt: fremde Stimmen, heiseres Lachen, Rauch in der Nachtluft. Ein Blick aus dem Fenster. Wolken: ja … Mond: nein. An ihn gedacht.

Am Morgen meine Frage: Hast du auch die Musik gehört?
Er schaut mich entgeistert an. Nein – das war ja mal ein Unwetter!

> Schlaglöcher
> randvoll mit Himmel
> alles was bleibt

Gabriele Hartmann

Samba

Flüchtige Bekannte; ihre vierte Einladung haben wir schließlich angenommen. Reihenhäuser; eine der Türen öffnet sich. Wir treten ein, ziehen die

Schuhe aus. Stiegen und Räume gehen ineinander über. Keine Privatsphäre; man hat stets drei Etagen im Blick. Noch fehlen einige Möbel. Es ist sparsam dekoriert. Die wenigen Bücher sind nach Farben sortiert. Was zum Teufel machen wir hier?

Wir nehmen auf den Kanten der modernen Stühle Platz. Es duftet nach Kaffee und frisch gebackenem Apfelstrudel. Vertraute Klänge erreichen das Ohr – Santana …

> der Gastgeber
> zupft uns ein Lächeln
> ins Gesicht

Foto: Christof Blumentrath und Haiku: Claudia Brefeld

Tan-Renga

Gabriele Hartmann und Michaela Kiock

    heulender Wind
    in ihrer Stimme
    ein neuer Oberton

    Irgendwo
    klirrt ein Glas

    GH / MK

Gabriele Hartmann und Michaela Kiock

    Abreise
    über wilden Erdbeeren
    verblassen die Sterne

    Kinskis Buch noch immer
    versteckt in der zweiten Reihe

    MK / GH

Kettengedichte

Es können auch längere und lange Kettendichtungen eingereicht werden, diese werden dann aber nicht mehr im SOMMERGRAS, sondern auf der DHG-Website parallel zur jeweiligen SOMMERGRAS-Ausgabe veröffentlicht. Auf diese Weise wird die gemeinschaftliche Kettendichtung besser gefördert, da es so keine Platzeinschränkungen mehr gibt, die beim SOMMERGRAS ja immer eine Rolle spielen.

Die Kettendichtungen (*renku*) bitte immer mit dem zugrunde liegenden Schema und Anmerkungen einreichen, da es so für die Leser besser nachvollziehbar ist.

Wir freuen uns auf Ihre Zusendungen!

Renhai

Claus Hansson und Ilse Jacobson

verliere mich

dunklere Tage –
beim Kerzenschein
hoffen und warten   IJ

eine Kiste mit Büchern   CH
verliere mich Seite um Seite   IJ

im Kinderdorf
der Traum des anderen
verweht   CH

Claus Hansson und Ilse Jacobson

hörst du

angekommen
in den Händen Kiesel
sonnenwarm   IJ

hörst du das Sprudeln des Baches   CH
eine Wiese voller Kinderstimmen   IJ

im Kerzenlicht –
aufgeblättert
unsere kleine Familie   CH

Ilse Jacobson und Angelika Holweger

Nacht ohne Sterne

zwei Papierschiffchen
mit unsern Wünschen
spielt der Wind   IJ

Nacht ohne Sterne   AH
wie seine Augen jetzt glitzern   IJ

aus tiefen Träumen
wieder zurück
im Heute   AH

Bücher

Traude Veran

Joachim Gunter Hammer: Quantenschäume
Gedichte. 17- und 19-Silber

Verlagshaus Hernals, Wien 2022. 214 S. ISBN 978-3-903442-16-0
Von dieser Ausgabe wurden 17 nummerierte Exemplare mit je einem handgeschriebenen Haiku des Autors versehen.

Das hier ist keine Rezension, sondern das Eingeständnis, dass ich Joachim Gunter Hammers neuestes Buch nicht rezensieren kann. Ich kenne alle Bücher, die er seit 1995 veröffentlicht hat, und habe für oder über einige von ihnen geschrieben. Immer mehr wurde mir zur Gewissheit, dass dieser Dichter mit wenigen Worten nicht einzufangen ist. „Im Siebzehnsilber / 17 Bücher verstecken / wäre hohe Kunst", zitiert ihn Helmuth Schönauer im Klappentext. So ist es. Wie aber sollte man 17 Bände Lyrik in einem kurzen Artikel besprechen?

Also will ich daran gehen, das zu tun, was ich nicht kann. Immerhin hat Joachim Hammer mir einige der Verse gewidmet.

Dieser Poet ist kein Haiku-Dichter im herkömmlichen Sinn. Weder orientiert er sich an japanischen Vorbildern noch beteiligt er sich an Überlegungen zu Silbenzahlen oder Jahreszeiten im deutschen Haiku. Er hat über die Jahre die für ihn wesensgemäße Form der Lyrik gefunden, und das ist der 17- bzw. 19-Silber. Vielleicht ist Hammer der einzige Poet, der das Haiku nicht in eine ihm fremde Sprachform zwingt, sondern einer, der es neu erschafft. Was er aber mit herkömmlichen Haiku gemeinsam hat, ist der Bezug zur Natur, in einer Radikalität ohnegleichen: Sein Bezugsrahmen ist die unendliche Größe und Kleinheit des Alls.

Wieder helfen ihm seine treuen Begleiter Taifuno und Chao-tse, Regeln ad absurdum zu führen und den Blick auf das Wesentliche zu lenken.

> Es regnet. Die Erleuchtete
> hört jeden Tropfen
> anders und nennt ihn
> beim Namen. Regnet es?

Makro- und Mikrokosmos durchdringt Hammer, der Naturwissenschaftler, mit Hilfe des *Versiunums*, des Elementarteilchens der Lyrik, in dem prometheischen Verlangen, die unbegreiflichen Erkenntnisse der Physik dem menschlichen Leben und Erleben einzugliedern. Die Kargheit des leeren Raumes und die Schäume der Fantasie, das Verwirrende von Leidenschaften wie von Elementarteilchen, vereint im Wirken aufeinander, verschmilzt Hammer in wenigen Silben zu der Frage: Was ist wirklich? Was ist wahr? *Stoisch fließt* die Wirklichkeit, *mit Dingen kostümiert.*

Das Unverstehbare zu durchdringen, sucht er mit wissenschaftlicher Klarheit und fantastischen Höhenflügen. Ebenso aber wirft er seinen Blick durch *das vergitterte Fenster der Sprache* auf die dunklen Verse der Alten, durchmisst das Wissen der Poesie. Wie ärmlich wirkt die logische Ableitung gegenüber der poetischen Einsicht, geschult am Minderen, wie der *Ameise auf der Fahrbahn*, und ist doch unverzichtbar für den Fragenden. Das *Versiunum* als Elementarteilchen der Poesie.

Hammer kennt die Abstraktion, aber er lebt in dieser Welt, mit all der Kraft seines Temperaments, vom Bild auf dem Klappentext an: Mit zwei Kappen, einer blauen und einer gelben, nimmt er wortlos Stellung – ein politischer Kopf, im wahrsten Sinne des Wortes. Die Gefährdung der Humanität wie der Natur, die Zwiespältigkeit menschlicher Beziehungen und die Leidenschaft, mit der er sich ihnen ausliefert, die Nähe zwischen Liebe und Tod. Berührend, wie dieser Wortmächtige immer wieder das Schweigen beschwört: *Zwieschweigen* mit der *Kaktee am Fensterbrett.*

Und so, wie es unüberschaubar viele von diesen Einzelheiten gibt, ergießen sich die Quellen der Poesie aufs Papier in unüberschaubarer Vielfalt. Mit der Sprache der Rezension lässt sich das Sprachuniversum Hammers nicht einfangen, alles entgleitet sofort ins Banale, in *bleiche Verslarven*. Ich lasse besser den Dichter selbst sprechen:

Wes Hoffnung Amsel haust
in Tales Schatten
wohl unter einer Tuchent Schnee?

Die Stille mitten im Vers – immer
währender Urknall
aus Nichts und Leere?

Selfie mit Gaia
voller Metastasen un
begrenzten Wachstums

Steinkreise aus 17-Silbern
zur Orientierung
im Versiunum

Sonja Raab

Fließende Himmel

Horst-Oliver Buchholz: Fließende Himmel – Haiku-Heft 06, Rotkiefer Verlag, November 2022, ISBN 978-3-949029-18-9

Der sichtbare Teil dieses bezaubernden Haiku-Büchleins von Horst-Oliver Buchholz zeigt ein kurzes Intro und 20 Haiku, die mit kleinen Schwarzweiß-Bildern ergänzt wurden. Doch wer die Himmel wirklich fließen lässt, wie es der Titel schon vorgibt, dem öffnet sich eine Welt mit vielen Ebenen, und mit jedem Haiku entgleitet man in andere Gefilde. Grade flattern einem noch frühlingshafte Schmetterlinge um die Nase, schon begegnet man einem Schwan, der den See teilt, man sieht den wandernden Schatten zu und betrachtet eine kleine Tasse grünen Tees. Nach jedem Bild hält man inne, hält das Büchlein in der Hand, schaut ins Leere und lässt es wirken. Es berührt. Es hinterlässt ein Schmunzeln oder ein Stirnrunzeln, auf jeden Fall bewegt es etwas im Leser oder in der Leserin. Und dann steht man vor einem Haiku, das so stark ist, dass man es stundenlang nicht mehr aus den Gehirnwindungen bringt:

> im Lichte der Nacht
> der blaue Schnee –
> was wahr ist, was nicht

Wer jemals nachts an einem Ort in der Natur stand, an dem es kein menschengemachtes Licht zu sehen gab, sondern nur Mond und Sterne. Nur umgeben von den weiten Schneefeldern, die im Abendlicht blau zu sein scheinen und vielleicht von den Umrissen schwarzer Berge eingerahmt sind. Wer jemals an so einem Ort, zu so einer Zeit, tief eingeatmet und erlebt hat, wie reinigend die kalte Winterluft ist, wie klärend der Schnee wirkt. Wie kraftvoll die Himmelslichter. Wer jemals ein Problem hatte und genau diese Stimmung dazu nutzte, sich von Menschenballast zu befreien und seine Seele fliegen zu lassen: Der weiß, was dieses Haiku sagen will. Während andere Autoren dicke Schmöker mit Worten füllen und doch nichts zu sagen haben, schafft Horst-Oliver Buchholz es mit wenigen

Silben, ganze Himmel fließen zu lassen, Welten entstehen zu lassen, die Köpfe der LeserInnen mit Bildern zu füllen und sie in ein magisches Theaterstück zu entführen, das durch sein Programm führt und Herzen berührt und Seelen fliegen lässt.

Haiga: Gabriele Hartmann

Brigitte ten Brink

Abgegriffen

Gabriele Hartmann: ABGEGRIFFEN. Haiku 2022. Erschienen im bon-say-verlag 2023. ISBN 978-3-945890-53-0. Zu beziehen unter info@bon-say.de

158 Haiku, eines pro Seite, 158 Momente des Wahrnehmens, des Erlebens, des Empfindens ihres Lebens im Jahre 2022 hat Gabriele Hartmann in diesem Buch festgehalten. Das Jahr 2022 ist wohl im allgemeinen Bewusstsein als ein schwieriges Jahr im Gedächtnis geblieben. Gesundheitliche Ängste (ist die Corona-Pandemie nun beendet oder nicht), finanzielle und wirtschaftliche Sorgen (explodierende Energiepreise und die damit verbundenen steigenden Kosten in allen Lebensbereichen) und nicht zuletzt politische und gesellschaftliche Verwerfungen (der Krieg in der Ukraine und der zunehmende Rechtsruck in den verschiedensten europäischen Regierungen). All diese, im Grunde doch sehr komplizierten Vorgänge, thematisiert die Autorin in ihren Haiku, in maximal 17 Silben und 3 Zeilen, tiefsinnig und hintergründig.

Doch als Erstes habe ich mich gefragt, wie der Titel des Buches – „ABGEGRIFFEN" – zu verstehen ist. Er ist dem dritten Haiku dieses Buches entnommen:

Mutters Gesangbuch
abgegriffen
das Hohelied der Liebe   (S. 7)

In diesem Haiku hat das Wort „abgegriffen" die Bedeutung von viel gebraucht, benutzt, abgenutzt. Doch ein Verständnis in diesem Sinne lässt sich nicht auf die anderen Haiku übertragen, weder inhaltlich noch in einem übergeordneten Sinn, der sich auf die Abnutzung des Genre *Haiku* im Allgemeinen beziehen würde, was absoluter Unsinn wäre. Also warum „ABGEGRIFFEN" als Titel wählen? Im Grunde ist die Antwort bereits gegeben: Die Haiku sind dem Leben entnommen worden, sie sind aus dem Leben geschöpft, „abgegriffen" worden, sie sind durch das Leben, das

Erlebte des Jahres 2022 entstanden, so mein – vielleicht ganz persönliches – Empfinden.

Das Buch beginnt, ganz klassisch für Haiku-Jahresrückblicke, mit einem Neujahrshaiku

> Jahreswechsel
> *alles*, sagst du
> *bleibt*   (S. 5)

Es bleibt das Gute, die Erinnerung an das Gute. Es bleiben aber auch die Probleme. Das neue Jahr übernimmt die Altlasten des vorherigen Jahres, schleppt sie weiter, bestimmt so die Zukunft mit.

Bei Gabriele Hartmann finden kleinste Details im Erleben Beachtung

> nach dem Gewitter die Amsel unplugged   (S. 118)

Aber auch Zwischenmenschliches

> erster Frühlingsmond
> wir tragen unser Herz
> auf der Zunge   (S. 59)

Inspiration durch Naturbeobachtungen

> Zugvögel
> ich schiebe meinen Koffer
> in den Wind   (S. 123)

und große Ereignisse, die die ganze Welt bewegen

> Russisches Brot
> wir buchstabieren
> FRIEDEN   (S. 57)

und

> Inferno
> gerade noch war alles
> Sonne in mir   (S. 77)

Die Haiku bewegen sich durch den jahreszeitlichen Ablauf – mal mit, mal ohne Kigo –, aber auch durch einen eher chronologischen Verlauf des Jahres, in dem aktuelle Ereignisse thematisiert werden, die im Grunde nichts mit einer Jahreszeit oder der Natur zu tun haben.

Wie immer gelingt es Gabriele Hartmann, den Leser mit ihren Texten zu berühren, ihn nachdenklich zu stimmen. Doch in den Haiku des Jahres 2022 ist eine leicht melancholische Grundstimmung nicht zu übersehen, zu überhören, zu überlesen.

Das mit einer Ringbindung gestaltete Buch lädt ein, es irgendwo aufzuschlagen, das Haiku auf dieser Seite zu lesen und sich von ihm davontragen zu lassen – in die eigene Welt.

Stefan Wolfschütz

Li und Herr Mo – Ein HAIKU-Roman von Peter Gooß

Peter Gooß: Ein HAIKU-Roman. Engelsdorfer Verlag, Leipzig 2020. 44 Seiten. ISBN 978-3-96940-023-4

> Ankomme Freitag
> tränenreich fluchtartig cool
> voller Erwartung

Peter Gooß startet mit dem, was er Haiku-Roman nennt, den Versuch, in der Sprache, die er seit langer Zeit versteht und spricht, seine Geschichte zu erzählen. Es ist die Sprache des Haiku. Seine Geschichte handelt von der Beziehung zwischen einem gestandenen alternden Mann namens Herr Mo, hinter dessen Namen man den Autor vermuten darf, und einer jungen Frau, einer Studentin namens Li. 37 Haiku, alle in freier Form, bis auf eine Ausnahme dreizeilig, beschreiben die gemeinsame Zeit der beiden anfangs Verliebten und später einander Suchenden, sich wieder Trennenden und möglicherweise noch einmal Findenden. Die 37 Haiku sind schnell gelesen, der Zeitraum, der darin beschrieben wird, ohne dass er genau benannt wird, erstreckt sich über Jahre, möglicherweise Jahrzehnte. Wie viele es tatsächlich sind, bleibt der Fantasie des Lesenden überlassen.

Die Geschichte beginnt damit, dass Mo von Li, damals Studentin, durch ihre Stadt geführt wird und von der Schönheit der Umgebung berührt ist. Beide fahren in die Berge, wo sie drei Tage und zwei Nächte miteinander in einem Zimmer mit einem *„Stahlrohrdoppelstockbett"* verbringen.

> Laute leiser
> Alter Mann mit junger Deern
> Kuschelkuhle

Doch Li studiert in den USA und lernt andere Männer kennen. Mo und Li bleiben in Kontakt, aber die Beziehung bleibt distanziert. Es folgen

Anspielungen auf Mos Reisen und Treffen mit Li in Lettland, Berlin sowie Lis Studien in den USA. Jahre gehen ins Land. Trotz ihrer Differenzen und der Missbilligung durch die sie umgebenden Menschen verbringen sie weiterhin Zeit miteinander und genießen die Gesellschaft des jeweils anderen ohne beieinander anzukommen, aber auch ohne die Beziehung zu beenden. Viele kleine teils skurrile, oft erotische Facetten schmücken die Sprache der Haiku.

Stumm heute Nacht
Mos Haut und Lis Haut flüstern
strecken sich

Doch es gibt kein glückseliges Ende:

Champagnerflaschen
lauern vielleicht hinter
Trümmern von Träumen

In einem Nachwort fasst Peter Gooß den andauernden Zwiespalt zusammen:

Aber jedes Mal sagten, ja schworen sie sich:
„Dieses Mal war es wirklich das allerallerletzte Mal!"
Zu unmöglich war ihre Freundschaft!
„Geradezu ungehörig!" schimpften die anderen …

Man wird an einen Kinofilm erinnert, versucht, den Gefühlen, den Sehnsüchten und den Erlebnissen der beiden Protagonisten auf die Spur zu kommen. Je mehr ich mich der Geschichte nähere, umso mehr kommen die Fragen in den Sinn, wie kann ich das bloß beurteilen, literarisch, politisch, menschlich, moralisch? Doch bei allen eher ungelösten Fragen habe ich die Geschichte gerne gelesen. Sie ist lebendig und zutiefst menschlich. Auf ungewohnte Weise entfaltet sich in der Fantasie sogar ein Roman. Das liegt an der Eigenart der Haiku. Sie fordern Leserin und Leser heraus, weiter zu denken und sich von der eigenen Fantasie beim Lesen der Zeilen unterhalten und den Film, den Roman im Kopf, weiter laufen zu lassen. Im Kanon vielschichtiger Haiku-Literatur erfrischend anders.

Auf der Mondwippe
Herr Mo alleine
versucht zu pfeifen

dichter Nebel
die letzte Nacht löst sich
aus der Verankerung

in ihren Wimpern
glitzern Tropfen

CB / GH

Tan-Renga-Haiga: Vers 1: Christof Blumentrath, Foto, Vers 2 und Gestaltung: Gabriele Hartmann.

Berichte

Tobias Tiefensee

Bericht vom Haiku-Spaziergang in Tübingen am 19.11.22

Bei der Mitgliederversammlung der DHG im Mai 2022 haben sich Heike Berumen, Hans (Johann) Reichsthaler und Tobias Tiefensee kennengelernt. Da alle drei mehr oder weniger in der Nähe wohnen, haben sie beschlossen, sich zum gemeinsamen Austausch über das Haiku zu treffen und andere Interessenten dazu einzuladen. Die Idee war geboren, und so kam es, dass am Samstag, den 19.11.2022 in Tübingen ein Haiku-Spaziergang stattfand.

Ilse Jacobsen konnte leider nicht dabei sein, ließ uns aber zur Einstimmung einen Haiku-Gruß zukommen:

Tübinger Kopfsteinpflaster
Neckar und Turm
die Sprache Hölderlins finden

Wir trafen uns am Café Ludwig in der Nähe der Eberhardbrücke. Hier kamen zu den drei Mitinitiator:innen noch Jutta Weber-Bock und Wolfgang Haenle hinzu. Unter der ortskundigen Führung von Hans, er hat in Tübingen studiert und mit Unterbrechungen über zehn Jahre dort gelebt, ging es zunächst auf die Neckarinsel. Als wir einen sehr schönen Blick auf den Hölderlinturm hatten, rezitierte Hans eines der berühmtesten Gedichte des Dichters: „Hälfte des Lebens".

Anschließend schauten wir uns das Sichler- und das Wildermuth-Denkmal an und verließen die Neckarinsel über die Alleenbrücke. Nach kurzer Zeit kamen wir am Geburtshaus von Ludwig Uhland vorbei. Der Dichter wurde hier im Jahr 1722 geboren. Der Weg führte weiter über Kopfsteinpflaster und enge Gassen hinauf zum Schloss. Oben angelangt genossen wir den herrlichen Ausblick. Auf dem Rückweg kamen wir am Rathaus

Foto: Wolfgang Haenle

vorbei, querten den Marktplatz und gelangten zur Stiftskirche. Am Holzmarkt machten wir an einem weiteren besonderen Haus halt. Hier befindet sich das Antiquariat Heckenhauser. Hermann Hesse trat dort im Jahr 1895 seine Lehre als Buchhändler an, die vier Jahre andauerte.

Wieder am Café Ludwig angekommen, trafen wir auf Marianne Kunz, die sich von da an der Runde anschloss. In einer ruhigen Ecke des Cafés hatten wir Gelegenheit zur Stärkung und zum gemeinsamen Austausch. Während der Vorstellungsrunde berichtete Jutta Weber-Bock von ihrem neusten historischen Roman „Das Vermächtnis der Kurfürstin". Wolfgang Haenle stellte sein Lyrikbuch „Von der Unschärfe der Wälder" vor, das er zusammen mit Jutta von Ochsenstein herausgebracht hat. Im weiteren Verlauf tauschten wir uns über mitgebrachte oder über während des Spaziergangs entstandene Haiku aus. Hier eine kleine Auswahl:

Schlürfende Kiesel
Vaters Schritte folgen mir
   Marianne Kunz

                                        alles hängt ab von
                                        einem roten buchrücken
                                        im hölderlinturm
                                            Wolfgang Haenle

instantkaffee
langsam löst sich
morgennebel
   Tobias Tiefensee

                                        der hölderlinturm
                                      trauerweiden im schlepptau
                                      frau trägt ihren hund
                                          Jutta Weber-Bock

On a misty spring day
The bearer of the message
Emerges unknown

Übersetzung:

An einem diesigen Tag im Frühling
Erscheint der Überbringer der Nachricht
Unbekannt
   Heike Berumen

                                        novembernacht
                                      er geht im regen gassi
                                      mit seinem frauchen
                                          Hans Reichsthaler

Von links nach rechts: Tobias Tiefensee, Wolfgang Haenle, Marianne Kunz, Jutta Weber-Bock, Heike Berumen, Hans Reichsthaler

Foto: Wolfgang Haenle

Zum Abschluss haben wir dann noch gemeinsam den Blick nach vorne gerichtet. Es wird im Frühjahr wieder ein Treffen geben. Der Ablauf wird beibehalten, nur der Ort ändert sich. Der nächste Haiku-Spaziergang findet am 26.03.23 auf dem Hoppenlaufriedhof in Stuttgart statt. Hans Reichsthaler übernimmt die Organisation. Nähere Infos folgen noch. Bei Fragen steht Hans gerne unter joreichsthaler@gmail.com zur Verfügung. An dieser Stelle möchte ich mich bei allen bedanken, die diesen schönen Nachmittag möglich gemacht haben. Mein Dank geht auch an den Vorstand der DHG, der uns bei organisatorischen Fragen unterstützt hat.

Herzlich grüßt euch
Tobias Tiefensee

Sylvia Hartmann

Aus der Praxis: ein Haiku-Workshop im Krankenhaus

Die Beschäftigung mit Haiku geschieht normalerweise in meiner Freizeit. Von Beruf bin ich Gemeindepfarrerin und Krankenhausseelsorgerin. In meinem Dienst und auf den Wegen, die ich dabei zurücklege, erfahre ich allerdings viele Inspirationen zum Schreiben. Diesmal sollte es andersherum sein.

Mein Kollege im Krankenhaus und ich leiten einen kleinen Kreis von ehrenamtlichen Seelsorgerinnen und Seelsorgern, die uns in unserer Arbeit in dem großen Haus unterstützen. Wir rüsten sie für ihre Arbeit aus, stehen bei Problemen bereit und versuchen, sie immer wieder neu zu motivieren und zu sensibilisieren für ihren Dienst an den Patientinnen und Patienten. Die sind oft nicht nur körperlich, sondern auch seelisch angeschlagen – durch ihre Krankheit oder andere Probleme, aber auch durch das fremde Umfeld Krankenhaus. Meistens arbeiten wir mit Hilfe von Gesprächsprotokollen oder in Form von Rollenspielen. Nun wagten wir es mit einem Haiku-Workshop.

Nach einer kleinen theoretischen Einführung und dem Lesen einiger Beispiele ging es ans Werk. Ich hatte mir einige Stichworte überlegt, die den Ehrenamtlichen helfen sollten, ein Haiku zu schreiben. Sie waren jedoch nur als Anregung gedacht, es stand ihnen frei, auch eigene Beobachtungen und Themen zu verarbeiten. Tatsächlich ließen sich alle auf das Wagnis ein – obwohl die meisten von ihnen vermutlich zum letzten Mal in der lange zurückliegenden Schulzeit Berührung mit Lyrik hatten, die noch dazu sicher nicht immer motivierend war.

Die meisten verfassten mehrere Texte. Die Regel der „17 Silben" ist naturgemäß am leichtesten vermittelbar. Nicht alles, was entstand, hält den übrigen Haiku-Kriterien stand. Aber wir haben festgestellt, dass das Schreiben von Haiku unseren Blick und unsere Sensibilität schärft für das Umfeld, die Bedingungen und damit letztlich auch für die Bedürfnisse von Menschen, die die Ausnahmesituation eines Krankenhausaufenthaltes erleiden müssen. Andererseits scheinen gerade Haiku dafür geeignet, Menschen, die keinen besonderen Draht zur Lyrik haben, neugierig darauf zu machen. Das Echo der Ehrenamtlichen auf den anregenden Nachmittag war durchweg positiv, und es wird wohl nicht unser einziger Haiku-Workshop bleiben.

schnell schließende
Eingangstür ein Gepäckstück
bleibt draußen

    Sylvia Hartmann

Die im Workshop entstandenen Haiku wurden anonym abgegeben, weshalb sie hier ohne Namen abgedruckt werden.

an der Eingangstür
werde direkt empfangen
vom Seifenspender

    Stille im Flur
das Klingeln stört
    Schritte verhallen

Notaufnahme
ich sitze und warte
ein Arzt kommt kurz

stickiges Zimmer
hilflos und perspektivlos
    ich höre Lachen

Mitteilungen

Neuveröffentlichungen

1. Gabriele Hartmann: „ABGEGRIFFEN" – Haiku 2022, Ringbindung, A6 quer, 164 Seiten, farbiges Innencover, bon-say-verlag, 2023. Zu beziehen unter: info@bon-say.de

Sonstiges

Einladung von Gisela Gülpen, Vertriebsabteilung NEUE CRANACH PRESSE
Für das neue internationale Anthologie-Projekt 2023 sucht Ingo Cesaro Haiku und Senryu zum Thema **„Natur-Turbulenzen".** Wir denken an den Klimawandel, an Dürre und Hitze und an die Katastrophen, die uns mittel- und unmittelbar auch betroffen haben.
Wir suchen dreizeilige Kurzgedichte in Anlehnung an die traditionellen japanischen Kurzgedichte Haiku/Senryu. Natürlich mit insgesamt 17 Silben in drei Zeilen und dem Silbenrhythmus nach dem Silbenschema 5-7-5.
Bitte maximal 6 auf einem Manuskriptblatt per Post mit Rückporto (keine aufgeklebten Briefmarken) einsenden.
Bei Abdruck gibt es ein Exemplar als Honorarersatz.
Bitte senden Sie ab sofort bis zum 22. März 2023 Ihre Beiträge ein.

Frühe Tulpen – Haiku-Workshop in Wiesbaden
Unser Frühlings-Workshop findet am **2. April 2023** von 10 bis 16 Uhr statt. Eingeleitet wird der Workshop von Klaus Dieter Wirth mit dem Referat „Vom Jahreszeitenwort zum Schlüsselwort". Danach besprechen wir die mitgebrachten Haiku.
Eingeladen sind Haiku-Dichtende mit und ohne Erfahrung.
Wir treffen uns in Wiesbaden-Bierstadt, Hofstr. 2 (ehem. Schulgebäude, Raum im EG, gegenüber der vbw-Geschäftsstelle, Eingang im Hof).
Das Entgelt von 25 € ist am Kurstag zu begleichen.

Bitte eigene Haiku, Schreibmaterial und Verpflegung für die Mittagspause mitbringen. Getränke (Kaffee, Kräutertees und Wasser) sind vorhanden. Anmeldung bei Ruth Karoline Mieger, Wiesbaden, Tel. 0611/6092892; E-Mail: rkmieger@gmx.de.

Vorankündigung Haiku-Seminar 8. – 10. September 2023 in Irsee
Von 8. bis 10. September 2023, Freitagabend bis Sonntagmittag, bietet die Schwabenakademie Irsee ein Haiku-Seminar an. Entstanden auf Initiative des Vorstandsmitglieds Peter Rudolf, wird Klaus-Dieter Wirth als Referent und Dozent das Seminar hauptsächlich leiten.
Genauere Angaben zu Programm und Preis folgen im Juni-Heft. Bitte den Termin freihalten – es braucht genügend Anmeldungen aus Deutschland, Österreich und der Schweiz, damit das Seminar durchgeführt werden kann.
Link: www.schwabenakademie.de

Erratum

In der Rezension im Sommergras 139, S. 81, der Anthologie „Fund im Tagebuch" von Ingo Cesaro durch Rüdiger Jung war auch eins meiner dort abgedruckten Haiku zitiert worden.
Unglücklicherweise kommen in dieser Rezension zwei Schwiegermütter vor. Einmal in dem von mir veröffentlichten Haiku

> Es klopft an der Tür
> noch kein Lametta am Baum
> die Schwiegermutter

und in dem von Sasa Prokopiev vorher zitierten

> Ich grille Fische
> Die Katze betrachtet mich
> wie Schwiegermutter.

Das ist eine zu viel, denn bei mir heißt es tatsächlich

> Es klopft an der Tür
> noch kein Lametta am Baum
> die Schwiegereltern.

Mir liegt besonders daran, dies richtigzustellen, weil der Begriff „Schwiegermutter" ja bei uns mittlerweile zu einer, wie auch das Haiku von Sasa Prokopiev antriggert, von vielen Vorurteilen begleiteten Witzgestalt verkommen ist. Diese Rolle spielt die als Vergleich dienende Schwiegermutter im Haiku von Sasa Prokopiev zu Recht. Ich wollte aber tatsächlich die gehetzte Situation und den Ernst der Bemühungen um ein ungestört rechtzeitig zubereitetes festliches Weihnachtszimmer nicht durch eine Witzfigur schmälern.

Wolfgang Gründer

Mentoring

Für das **Haiku- und Haiga-Mentoring** stellt sich Claudia Brefeld zur Verfügung: post@claudiabrefeld.de

Für das **Tanka-Mentoring** stellt sich Tony Böhle zur Verfügung: tonyboehle@web.de

Coverbild

Das Bild für das Cover dieser Ausgabe kommt dieses Mal von Christian Hövel. Er ist 53 Jahre alt, lebt in Berlin und ist Krankenpfleger in der Psychiatrie. Poesie (u. a. Haiku) sind ihm Ausgleich und Freude. Am liebsten fotografiert er im Garten.

Impressum

Vierteljahresschrift der Deutschen Haiku-Gesellschaft
36. Jahrgang – März 2023 – Nummer 140

Herausgeber:	Vorstand der DHG Tel.: 0433 /46 35 79 3 E-Mail: info@haiku.de
Redaktion:	Horst-Oliver Buchholz, Eleonore Nickolay, Thomas Opfermann
Mitarbeit:	Claudia Brefeld
Titelillustration:	Christian Hövel
Covergestaltung:	Stephanie Mattner
Lektorat	Gabriele Buschmann, Martina Khamphasith
Satz und Layout:	Martina Khamphasith

Freie Mitarbeit erwünscht. Ihre Beiträge schicken Sie bitte per

E-Mail an:	Horst-Oliver Buchholz, Eleonore Nickolay, Thomas Opfermann: redaktion@sommergras.de
Post an:	Petra Klingl, Wansdorfer Steig 17, 13587 Berlin

Über die Veröffentlichung der Beiträge entscheidet die Redaktion. Die Meinung unserer Autoren muss sich nicht immer mit der Meinung der Redaktion decken. Die Beiträge werden von uns sorgfältig geprüft, für die Richtigkeit, Vollständigkeit und Aktualität der Inhalte, insbesondere der fremdsprachlichen Texte, können wir jedoch keine Gewähr übernehmen.

Einsendeschluss
für die Haiku- und Tanka-Auswahl: 15. April 2023
Redaktionsschluss: 20. April 2023

© Alle Rechte bei den Autoren.
Nachdruck nur mit Genehmigung des Herausgebers gestattet.

Jahresabonnement Inland (inkl. Porto) 45 €
Jahresabonnement Ausland (inkl. Porto) 55 €
Einzelheftbezug Inland (inkl. Porto) 12 €
Einzelheftbezug Ausland (inkl. Porto) 14,50 €
Auslandsversand nur auf dem Land-/Seeweg.

Der Mitgliedsbeitrag beträgt 45 € im Jahr und beinhaltet die Lieferung der Zeitschrift (Inland inkl. Porto, Ausland + 10 € Porto).
Die finanzielle Unterstützung der DHG quittieren wir mit Spendenbescheinigungen.